本书由黑龙江省博士后基金、2017年黑龙江省经济社会发展重点研究课题、2021年黑龙江省经济发展重点研究课题共同资助出版

国家森林公园旅游发展策略

尹 玥 著

知识产权出版社
全国百佳图书出版单位
—北京—

图书在版编目（CIP）数据

国家森林公园旅游发展策略 / 尹玥著. —北京：知识产权出版社，2021.12
ISBN 978-7-5130-7898-6

Ⅰ. ①国… Ⅱ. ①尹… Ⅲ. ①国家公园—森林公园—旅游业发展—研究—黑龙江省 Ⅳ. ①F592.735

中国版本图书馆 CIP 数据核字（2021）第 239927 号

内容提要

本书通过对国家森林公园概念与内涵的界定，明确了国家森林公园除游憩之外还具有生态保护与科学研究功能，分析了阻碍我国森林公园旅游发展的主要症结，对解决国家森林公园森林旅游发展中利益相关者的关系问题提供了思路，明晰利益相关者的诉求与矛盾，并根据黑龙江省森林旅游现状，分析黑龙江省森林生态旅游存在的个别问题，提出了发展全域旅游、省内资源型城市转型等相应策略。

本书可作为研究国家森林旅游发展相关人员的参考用书。

责任编辑：许　波　　　　　　责任印制：孙婷婷

国家森林公园旅游发展策略
GUOJIA SENLIN GONGYUAN LÜYOU FAZHAN CELÜE

尹　玥　著

出版发行：	知识产权出版社有限责任公司	网　　址：	http://www.ipph.cn
电　　话：	010-82004826		http://www.laichushu.com
社　　址：	北京市海淀区气象路 50 号院	邮　　编：	100081
责编电话：	010-82000860 转 8380	责编邮箱：	xubo@cnipr.com
发行电话：	010-82000860 转 8101	发行传真：	010-82000893
印　　刷：	北京中献拓方科技发展有限公司	经　　销：	各大网上书店、新华书店及相关专业书店
开　　本：	720mm×960mm　1/16	印　　张：	11
版　　次：	2021 年 12 月第 1 版	印　　次：	2021 年 12 月第 1 次印刷
字　　数：	158 千字	定　　价：	58.00 元

ISBN 978-7-5130-7898-6

出版权专有　侵权必究
如有印装质量问题，本社负责调换。

序　言

本书立足于尹玥老师的博士后科研工作经验，对国家森林公园生态保护及森林旅游进行了深入研究，内容既有别于空谈理论的悬浮之作，也不同于案例大全。本书开宗明义，首先提出了我国国家森林公园旅游发展存在的主要矛盾是利益相关者间的利益博弈，其次围绕各个利益群体展开剖析，逐个解惑，最后为我国森林旅游发展提出了切实可行的建议，对我国旅游经济发展具有重要的指导与借鉴意义。

本书内容充实，通过对大量的中外文献梳理，捋清了我国国家森林公园发展的脉络，明晰了国家森林公园的定义与功能，让读者充分了解我国国家森林公园和世界其他国家公园的区别与联系；深入剖析了利益相关者的利益诉求，搭建了参与主体博弈的理论框架，建立了国家森林公园森林旅游发展主体利益博弈模型，为我国建立合理的利益协调机制、完善我国国家森林公园体制做出了有益探索；提出通过强化政府主导功能，创新旅游产品，控制旅游负外部效应，完善法律法规来解决利益相关者矛盾。

本书最大的特点是深入浅出地探讨了理论问题，最终落地于社会实践，以作者的家乡黑龙江省为例，生动地阐述了地方特色，由面到点，特色鲜明，与家乡共情，与读者共鸣，增加了作品的可读性。

大庆师范学院副校长　张平
2021 年 1 月 1 日

前　言

近年来，随着经济高速发展，环境恶化严重，保护生态和节约资源成为国家乃至全世界新的重心。我国为了落实生态保护举措，满足人民追求健康生活与回归自然的需求，将国家森林公园建设与森林旅游发展作为新时期的任务。国家森林公园森林旅游发展是一个值得深入思考的课题，它的长足发展离不开主体能动性，然而国家森林公园的主体不是单一的，存在着错综复杂、相互影响的关系，厘清利益相关者之间的关系尤为重要。

本书的逻辑结构：首先，明晰国家森林公园的概念与内涵，明确国家森林公园游憩以外的生态保护与科学研究功能，发现阻碍我国国家森林公园旅游发展的主要症结在利益相关者的关系问题上；其次，通过剖析国家森林公园森林旅游发展中利益相关者的关系问题，了解利益相关者的诉求与矛盾，提出协调解决的策略；最后，根据黑龙江省森林旅游现状，分析黑龙江省森林生态旅游存在的问题，提出了发展全域旅游、省内资源型城市转型等相应策略。

本书的主要内容包括两大板块。第一板块是国家森林公园森林旅游发展研究，主要分为三个部分。

第一部是绪论与相关概念界定及理论基础。通过对国内外文献的搜集与整理，提出了研究思路与技术路线；基于资源开发理论、博弈理论与利益相关者理论，为后续的利益相关者研究与国家森林公园发展战略打下理论基础。

第二部分是分析问题，深入剖析了国家森林公园森林旅游发展的现状及存在的问题，搭建了参与主体博弈的理论框架，建立了国家森林公园森林旅游发展主体利益博弈模型。通过静态与动态博弈两种情况可以得出如下结论：构建和谐社会需要提高诚信意识；通过增加政府部门滥用职权的信誉损失来抑制投资商与政府的权钱交易，同时提升投资商在环保中获得的社会声誉来鼓励投资商在国家森林公园建设中努力保护环境；投资商支持社区居民参与经营，会给双方带来最大的利益均衡，但是要保障服务品质，服务满足游客效用、能给投资商和经营者（以下简称"投营者"）及社区居民带来收益、为国家森林公园带来声誉"三赢"的目的；国家森林公园与专家学者的博弈关系，视经济发展阶段与专家研究视角而定。

第三部分是解决问题，协调了国家森林公园森林旅游发展参与主体间的关系，从参与主体的权利关系、参与主体的利益关系和参与主体的责任关系三方面，进行协调机制的研究；为旅游产业发展提出详细、具体的优化策略，其中包括要强化政府主导功能、创新旅游产品、控制旅游负外部效应、完善法律法规、建立国家公园体制。

第二板块是黑龙江省森林旅游发展对策研究，主要分为三部分内容。

第一部分是提出问题、分析问题。通过对黑龙江省森林公园旅游现状进行研究，找到黑龙江省森林旅游存在的优势与问题。

第二部分是解决问题。主要研究的是黑龙江省森林旅游经济发展的总体思路和对策，如为促进黑龙江省森林旅游发展提出的资源城市向旅游城市转型、全省打造全域旅游产品线、创新旅游产品线、加大新媒体宣传力度、加大监督评价力度等对策，以利于黑龙江省森林生态旅游得到可持续发展。

第三部分是为黑龙江省旅游纪念品开发提供思路。黑龙江省的旅游纪念品开发是森林旅游经济的重要组成部分，通过旅游纪念品获得经济收益的同时，还能够弘扬黑龙江的精神与文化，并增强游客的旅游感受。黑龙江省的经济旅游发展，不能忽略旅游纪念品带来的持续影响和经济利益，因此在本部分进行了详细的策略阐述。

目 录

1 绪 论 // 1

  1.1 研究背景及问题的提出 // 1

    1.1.1 研究背景 // 1

    1.1.2 国家森林公园发展现状 // 2

    1.1.3 旅游及森林旅游发展现状 // 3

    1.1.4 问题的提出 // 4

  1.2 研究目的及意义 // 5

    1.2.1 研究目的 // 5

    1.2.2 研究意义 // 6

  1.3 国家森林公园森林旅游相关综述 // 7

    1.3.1 国外相关研究综述 // 7

    1.3.2 国内相关研究综述 // 12

  1.4 研究方法 // 17

  1.5 研究内容框架与技术路线 // 18

    1.5.1 研究内容框架 // 18

    1.5.2 研究的技术路线 // 20

2 相关概念及理论基础 // 21

  2.1 相关概念 // 21

    2.1.1 国家森林公园 // 21

    2.1.2 森林旅游概念及发展进程 // 25

    2.1.3 森林旅游发展博弈的参与主体 // 26

2.2 理论基础 // 27
　　2.2.1 旅游资源开发理论 // 27
　　2.2.2 博弈理论 // 29
　　2.2.3 利益相关者理论 // 33

3 国家森林公园森林旅游发展现状及存在的问题分析 // 36

3.1 国家森林公园的角色与功能 // 36
　　3.1.1 国家森林公园的角色 // 36
　　3.1.2 国家森林公园的功能 // 38

3.2 国家森林公园森林旅游发展现状 // 40
　　3.2.1 国家森林公园森林旅游参与主体现状 // 42
　　3.2.2 国家森林公园森林旅游发展趋势与条件分析 // 45
　　3.2.3 国家森林公园森林旅游发展理念 // 52

3.3 国家森林公园森林旅游发展面临的问题 // 55
　　3.3.1 森林旅游参与主体存在利益矛盾 // 55
　　3.3.2 管理机制落后 // 57
　　3.3.3 生态破坏严重 // 57
　　3.3.4 国家公园体制不健全 // 58

3.4 国家森林公园森林旅游发展问题的成因分析 // 58
　　3.4.1 思想观念 // 58
　　3.4.2 机制本身 // 59
　　3.4.3 宣传教育 // 60
　　3.4.4 科技手段 // 61
　　3.4.5 相关法制 // 61

4 国家森林公园森林旅游发展参与主体博弈理论框架 // 62

4.1 国家森林公园参与主体的界定与利益相关者 // 62

4.2 国家森林公园利益相关者筛选 // 63

    4.2.1 专家选取与第一轮问卷发放 // 63

    4.2.2 问卷调整与第二轮问卷发放 // 64

4.3 参与主体的利益诉求、权利与责任界定 // 64

    4.3.1 利益诉求 // 64

    4.3.2 参与主体的权利界定 // 70

    4.3.3 参与主体的责任界定 // 70

4.4 权利资源流动关系 // 72

4.5 资金的流动关系 // 72

4.6 知识资源流动关系 // 73

5 国家森林公园森林旅游发展利益博弈模型的构建及分析 // 75

5.1 利益博弈的经济学假设 // 75

5.2 利益博弈的模型构建及分析 // 76

    5.2.1 博弈要素的界定 // 76

    5.2.2 政府与投营者利益博弈 // 77

    5.2.3 投营者与周边社区利益博弈 // 85

    5.2.4 投营者、周边社区与游客三方利益博弈 // 87

    5.2.5 投营者与专家学者利益博弈 // 88

6 国家森林公园森林旅游发展优化策略 // 90

6.1 优化的目标与原则 // 90

    6.1.1 优化的目标 // 90

    6.1.2 优化的原则 // 90

6.2 权利关系协调策略 // 91

    6.2.1 建立健全国有林权制度 // 91

    6.2.2 创新森林资源所有制 // 92

6.2.3　强化政府主导功能 // 92

6.3　利益关系协调策略 // 95

6.3.1　建立利益关系协调机制 // 95

6.3.2　构建利益再分配机制 // 97

6.4　责任关系协调策略 // 98

6.4.1　创新经营机制 // 98

6.4.2　建立生态效益补偿机制 // 99

6.5　建立国家公园体制策略 // 100

6.5.1　建立《国家公园法》// 100

6.5.2　建设试点工程 // 100

6.5.3　将社区纳入利益分配体系 // 101

6.5.4　明确国家公园权利与管理责任体系 // 101

6.6　构建可持续发展理念的协调机制 // 101

6.6.1　创新科研与共享人才机制 // 101

6.6.2　建立林业信息化机制 // 102

6.6.3　完善森林旅游相关法律法规 // 102

6.6.4　提高生态环境保护意识 // 102

7　黑龙江省国家森林公园森林旅游发展现状及问题分析 // 104

7.1　黑龙江省森林旅游经济发展现状 // 104

7.2　黑龙江省森林旅游优势 // 105

7.2.1　天然优势 // 105

7.2.2　产业转型契机 // 112

7.3　黑龙江省森林旅游发展存在的问题 // 113

7.3.1　旅游产品市场细分不够 // 113

7.3.2　未形成整体品牌影响力 // 114

7.3.3 乡村文化商业气息过重 // 114
7.3.4 旅游景区散点不成体系 // 114
7.3.5 旅游产品性价比较低 // 115
7.3.6 未形成统一监督管理体系 // 116
7.3.7 国家森林公园旅游从业人员素质有待提高 // 117
7.3.8 森林景区住宿条件差 // 117
7.3.9 森林旅游资源过度开发 // 118
7.3.10 生态系统保护不力 // 119

8 黑龙江省森林旅游经济发展的总体思路和对策 // 120

8.1 黑龙江省森林旅游发展原则 // 120
8.1.1 可持续旅游原则 // 120
8.1.2 凸显国家森林公园功能的原则 // 121
8.1.3 宜居宜游原则 // 121

8.2 资源城市向旅游城市转型策略 // 121
8.2.1 油城大庆的转型策略 // 121
8.2.2 其他资源型城市转型策略 // 127

8.3 打造全域旅游产品线 // 128
8.3.1 提升"四季游"理念 // 129
8.3.2 提升"文化游"理念 // 130

8.4 创新旅游产品线 // 131

8.5 加大新媒体宣传力度 // 133

8.6 加大监督评价力度 // 133
8.6.1 评价指标体系构建的原则 // 134
8.6.2 旅游生态健康评价指标体系 // 134

9 黑龙江省旅游纪念品开发策略 // 137

9.1 旅游纪念品开发的意义 // 137
9.2 旅游纪念品开发思路 // 138

10 结论与展望 // 140

10.1 主要结论 // 140
10.2 本书创新点 // 141
10.3 未来研究的问题 // 142

附 录

附录1 国家森林公园利益相关者专家咨询问卷 // 143

附录2 国家森林公园员工调查问卷 // 145

附录3 国家森林公园游客调查问卷 // 149

附录4 国家森林公园周边社区居民调查问卷 // 152

参考文献 // 155

1 绪　　论

1.1 研究背景及问题的提出

1.1.1 研究背景

中国幅员辽阔，森林资源尤其丰富。东北地区和内蒙古是我国重要的两大木材供应基地，也是东北平原、松辽平原和华北平原不可替代的生态保护屏障。但是，20世纪80年代后期，随着经济的快速发展，林业危机和资源危机频繁出现。环境的不断恶化不仅威胁着经济发展，对人类生活及生存的威胁更大。世界各国政府开始把环保问题作为高度关注的问题，中国也逐渐将目标聚焦到生态保护与林业发展方向，提出要大力建设具备经济发展价值的国家森林公园体系。20世纪90年代后期，中华人民共和国国家林业局（以下简称"国家林业局"现在的名称为"国家林业和草原局"）提出，"一切林业工作要以提高经济效益"为重点，以"城市绿化，山区和沙区发展综合治理"为重点，全面提高林业综合生产力，努力提高林业工人和林区居民生活水平，加快国家森林公园发展步伐。

近年来，随着环境的不断恶化，保护生态和节约资源成为国家乃至全世界的重心，国家森林公园发展成为新的任务。2012年召开的中国共产党第十八次全国代表大会，明确提出了"全面建成小康社会，全面深化改革开放"的目标。党的十八大报告明确指出，要加快生态文明体系建设，完善土地开发、资源节约、生态保护机制，促进人类与自然和谐发展的现代化新格局。在此背景下，国家林业局提出了森林旅游战略部署计划，一方面达到保护生态与珍贵资源的目的；另一方面充分发挥林业资源综合效益，促进地方经济发展、改善人民生活、满足人们的游憩活动需求，实现林业发展与生态文明建设。国家森林公园建设随之在旅游产业发展过程中不断成长与壮大，成为我国旅游业发展的重要目标。

1.1.2 国家森林公园发展现状

"森林公园"的名称世界各国尚未统一，各国根据自身的理解给出了不同的名字。中国称为"森林公园"，欧美国家称为"国家公园""原野公园"，日本称为"国立公园"，也有些国家称为"自然公园"。在我国，森林公园被很多人错误理解为"森林"与普通意义"公园"的叠加。其实，森林公园中的"公园"一词来源于美国"国家公园"，属于专有名词。1872年，"国家公园"在美国崛起，美国建立了世界上第一个国家公园——黄石国家公园。随之，国际上对于森林公园的名称也趋向于美国的叫法，称为"国家公园"。国际自然保护联盟（IUCN）对"国家公园"给出了统一的定义，即国家公园是天然的陆地或海洋，主要用于生态系统保护和游憩活动，旨在为当代及后代子孙保留一个或多个生态系统的完整性，消除任何对保护区管理的有害形式和占有行为，为人类提供生态保护和娱乐活动保护区，成为人类休闲娱乐、旅游、精神放松、科学研究及教育基地。

基于国际自然保护联盟的定义并结合我国特点，"国家公园"被赋予更丰富的内涵，定义为：是基于自然资源、人文资源和景观，并同时具有研究、教育、保护和娱乐及社区发展工作的自然资源的保护地，是有效保护和合理利用资源的政府规划与管理的特定领域。在现行的部门管理体制下，中国国家公园体系逐步演变为七大类：国家自然保护区，国家森林公园，国家地质公园，国家湿地公园，国家矿山公园，国家重点风景名胜区，国家水利风景区。国家森林公园为"国家公园"体系之一。中国森林公园按照行政级别划分为国家级森林公园、省级森林公园、市县森林公园三个级别。国家森林公园的特点是：①具有丰富、美丽的森林景观；②区域代表性强，观赏性、科学性和文化价值高的景观较为集中；③景观具有较强的区位优势；④公园内旅游服务设施比较完善；⑤具有较高知名度与关注度；⑥人们可以参观、休息或进行科学文化和教育活动。

中国第一个真正意义的国家森林公园——张家界国家森林公园于 1982 年被正式命名。截至 2012 年年底，我国共建国家森林公园 765 个，国家森林旅游区 1 个；平均每年增长 3886.523 平方千米，到 2012 年年底累计总面积达到了 12 051.17 平方千米。我国对国家森林公园发展投入逐年递增，平均增速自 2001 年以来达到 28.85%。国家林业局于 2006 年发布通知启用"中国国家森林公园专用标志"（图 1-1），树立国家森林

图 1-1 中国国家森林公园专用标志

公园形象，推进国家森林公园标准化与规范化，并出台了《中国国家森林公园专用标志使用暂行办法》。2009 年 10 月，国家林业局联合国家发展和改革委员会、财政部、商务部和国家税务总局印发了《林业产业振兴规划（2010—2012）》，明确将森林旅游作为未来长期发展重点，加大国家森林公园等景区的基础建设投入，重点扶持 200 处森林旅游景区的基础设施建设，并且鼓励发展相关服务、商业与交通。

1.1.3 旅游及森林旅游发展现状

从 2016 年起，我国进入从"景点旅游"向"全城旅游"的转型发展期，旅游业步入快速发展时期。2016 年下半年国内旅游人数达到 21.6 亿人次，预算总收入为 1.9 万亿元，同比增长 12.8%。旅游业的稳步增长，对产业结构的调整作用及惠及民生的重大功能，将其从经济建设边缘地位稳步推向经济建设的主战场。

2016 年，中国旅游业直接就业人员约 2820 万人，间接旅游就业人数约 79.74 万人，全国就业贡献率 10.25%。旅游消费贡献突出，2016 年上半年的国内旅游消费达到 1.65 万亿元，旅游业已成为综合性产业，与其相关的行业达 110 多个，住宿业贡献率达 90% 以上，民航和铁路客运业贡献

率达 80% 以上，文化娱乐业贡献率超过 50%，对餐饮业和企业的贡献率超过 40%。在"十三五"期间，旅游业发展融合房地产、金融、养老、文化、农业、高新技术、教育等多种形式，形成巨大的旅游产业综合体，发挥了独特的增值效应。2018 年，国内旅游人数达 55.39 亿人次；2019 年，国内旅游人数达 60.06 亿人次，全年旅游总收入 6.63 万亿元。2020 年虽然受到新型冠状病毒肺炎疫情影响，但是旅游收入仍然可观，全年国内旅游人数 28.79 亿人次，比上年同期下降 52.1%；国内旅游收入 2.23 万亿元。"十四五"时期旅游需求会朝着定制化、个性化的方向加速发展。

随着我国经济的快速发展，城市化与工业化对气候的影响越来越严重，极端恶劣的天气如雾霾、沙尘暴不断威胁人们的健康。人们越来越向往回归自然，空气中高含量的负氧离子、无污染的清新空气、纯净的江河湖海成为人们向往的"奢侈品"，森林成为人们迫切需要回归的地方。随着物质文明的提高与人们收入水平的提高，人们具备休闲娱乐与放松的经济基础。据国家林业局统计数据，从 2010 年开始，我国生态旅游保持着 30% 的高增长率，30%~40% 的游客开始转向森林，按此比例推算，预计到 2025 年，我国森林旅游业的产值将达到 11 000 亿元，创造就业机会 250 万个，森林旅游发展已经势不可当。

1.1.4 问题的提出

在我国国家公园体制建设的大方针下，国家森林公园建设已提上日程，这样做既能与国际自然保护联盟"无缝接轨"，也能解决我国现实的资源保护与合理利用的问题。但是国家森林公园实行的统一的标准化建设与管理，打破了人们原有的"靠山吃山靠水吃水"的生活习惯，依托国家森林公园的森林旅游想要得到长足发展，就必须平衡多个相关利益主体的关系，使其成为高度整合的社会和经济系统。近些年，森林旅游发展吸引了众多经济学家及科研学者的目光，国家森林公园的利益相关者管理问题日渐凸显，成为理论与实践层面的全新课题，因此对国家森林公园相关主体的利益关系研究显得尤为重要。

国家森林公园森林旅游发展是一个值得深入思考的问题，它的长足发展离不开主体能动性。然而国家森林公园的主体不是单一的，存在着错综复杂、相互影响的关系。本书将聚焦解决利益相关者的关系问题，从而达到国家森林公园森林旅游长足发展的最终目的。

具体要研究的问题可以分解为：①国家森林公园的主要目标与功能是什么？与森林旅游有怎样的相互影响关系？②国家森林公园森林旅游管理中存在哪些问题？发展国家森林公园森林旅游与其相关利益主体间有怎样的交互影响？③国家森林公园森林旅游的相关利益主体间的关系如何？要解决这个问题需要继续分解。细节问题包括：各个利益主体存在哪些诉求？彼此之间存在哪些矛盾？如何平衡和解决这些矛盾关系？需要构建哪些利益协调机制，最终使所有利益相关主体达到均衡与协调？采取何种方式来达到利益均衡并能使国家森林公园的建设得到公平、高效与长足的发展？④我国国家森林公园长足发展的对策有哪些？

本书以国家森林公园及其利益相关者为研究对象，剖析国家森林公园发展过程中利益相关者间的交互影响，消除利益相关者间的矛盾；在我国森林资源极大丰富背景下，协调相关者利益，解决我国国家森林公园森林旅游发展中存在的问题，使我国森林旅游得到长足发展。

1.2 研究目的及意义

1.2.1 研究目的

本书主要以国家森林公园为背景，总结国家森林公园管理中存在的问题；分析国家森林公园体制构建的资源流动关系，从权利资源、资金流动与知识资源三方面入手，捋清国家森林公园各利益相关主体间的关系，找出利益相关者的真正诉求及利益相关者之间的矛盾症结；运用博弈论的方法构建利益相关者的博弈模型,从权力博弈、利益博弈与责任博弈三方面进行博弈分析;以黑龙江省为例,分析国家森林公园发展存在的问题,提出解决对策;提出我国国家森林公园森林旅游发展的对策建议。

1.2.2 研究意义

本书具有重要的理论与实践意义,主要体现在以下几个方面。

(1)理论意义。国家森林公园的发展是推动我国经济发展的重要动力,也是世界环境保护的重大举措。国家森林公园肩负着科研、教育、保护及游憩和社区发展等功能,但管理方法落后与其发展速度不相匹配,相关利益主体之间矛盾不断,阻碍了国家森林公园的发展。本书从阻碍国家森林公园森林旅游发展的主要问题即利益相关者间的不同诉求入手,剖析利益主体之间的关系,运用博弈理论、旅游资源开发理论、利益相关者理论作为理论支持,构建国家森林公园体制并建立博弈模型,协调利益相关者关系,解决限制国家森林公园森林旅游发展的"瓶颈"问题,提出我国国家森林公园森林旅游发展的优化策略。本书打破了已有的就林业谈国家森林公园的传统研究思路,提出了从各个利益相关者诉求出发,通过协调利益相关者矛盾达到国家森林公园森林旅游发展的目的,为国家森林公园的旅游发展提供新思路,并为我国国家公园体制建设提供有力借鉴。

(2)实践意义。我国国家森林公园的发展起步较晚,由于牵扯的利益主体众多,在经济、社会与环境方面产生了诸多问题,如缺乏完整的体制规划、与长久的发展目标脱钩、总体管理方法落后、组织松散、环境保护不利、经济效益产出低等,归根结底是因为没有平衡与协调好各利益相关者间的关系,这些问题是限制国家森林公园森林旅游发展的关键性因素。本书运用博弈理论,在分析权利资源、资金及知识资源的流动关系基础上,从政府、国家森林公园、林区职工、周边社区、游客与学者等方面进行了研究,找到这些利益主体间的均衡关系,协调并解决利益主体间的矛盾,为我国国家森林公园森林旅游发展扫除障碍。此外,本书提出了国家森林公园持续发展的战略对策,把我国国家森林公园的发展推向新的阶段,更好地为我国全面建成小康社会和深化改革服务。

1.3 国家森林公园森林旅游相关综述

1.3.1 国外相关研究综述

1.3.1.1 国家公园建设与管理经验方面

代表性的早期研究始于20世纪50年代。1957年乌干达的学者贝雷（Bere）建立了国家公园理念。1969年坦桑尼亚的学者欧文（Owen）从旅游开发角度研究了国家公园创建的基础设施及资金筹集。随后,很多学者从运营管理角度入手进行研究,如瑞士学者司罗斯（Schloeth）提出野生动物保护与旅游管理；意大利学者罗瓦尼（Lovari）、英国学者布拉泽顿（Brotherton）提出鼓励非政府机构与协会组织参与管理的思想；尼加拉瓜学者瑞恩（Ryan）从管理机构、人力资源及资金筹集方面展开研究。进入20世纪80年代,学者的研究视角更为细致与前瞻。1980年,美国学者詹姆士（Jameson）与日本学者亲泊素子提出要建立管理体系和体制,以便使国家公园得到长足发展。1995年,加拿大学者威廉（William）从政策、管理手段与规划等方面提出可持续发展的方案。近些年,学者更多关注游客行为、景观规划等问题,如2013年德国学者录普（Lupp）对景观规划等细节问题提出看法。

1.3.1.2 国家公园专项管理方面

2006年,柯克兰（Cochrane）的研究发现,西方游客更了解自然保护的意义,通常停留时间更长,喜欢单独旅行,而东亚游客强调集体主义的概念使他们更喜欢有组织的团体旅游,逗留时间偏短。1999年,加罗韦（Galloway）和洛佩斯（Lopez）发现,妇女比男人更渴望探索未知世界，年龄与人们的好奇心成反比。2003年，格拉哈姆（Graham）从旅游行为管理角度指出，游客的行为模式是国家公园游客管理方面较为关注的问题。2003年，韩国学者金姆（Kim）等人就游客的行为提出建议。1999年，怀特与洛维特（White, Lovett）指出，游客偏好在自然环境资源管理中发挥越来越重要的作用。与其他目的地不同，国家公园的偏好不仅与年龄、性别、职业等人口统计指标有关，而且与每个国家的历史和文化背景有关。2003年，阿莱莎（Alessa）强调，一些游客对自然环境了解得越多，对生态系统自我恢复的能力感知越强，所做出的破坏性行为就越多。2003年，金颂和李充（Seong Kim, Choong-kilee）认为，除了国家公园和基础设施的可及性等基本客观条件之外，个人偏好也是一个主要因素。为此，各国制定了不同的访问者管理模式，如可接受地改变极限框架（LAC）、游憩机会频谱（ROS）、美国国家公园管理局（NPS）构建的游客影响管理模式（VIMM）、加拿大国家公园管理局（PCA）的访客行为管理流程模型（VAMP）、澳大利亚旅游管理优化模型（TOMN）等。

国家公园应以不同类型的游客为目标，设立娱乐项目和设施。2002年，马里恩（Marion）等人提出国家公园野营的有效管理，包括限制和定期维护的数量。2008年，奥凯洛（Okello）认为，有必要根据游客的兴趣和国家公园的资源，制作独特的动植物观赏名单和观赏路线。2008年，博伊伦（Beuren）等人研究了国家公园入口服务机构的设立。2009年，乔治（George）提出应更加重视国家公园人员配置问题的安全。

国家公园专项管理的重要组成部分是"社区管理"。国家公园社区问题研究主要集中在国家公园对社区的影响，社区对国家公园的影响，社区参与，社区效益分配，土地财产权等。马修（Mathew）和埃文（F.van）研究了印度尼西亚科波多国家公园和美国大峡谷国家公园的社区经济效益。2003年，塔纳瓦罗（Thanakvaro）探讨了成本效益模型对社区的影响。在土地产权方面，2001年，哈米纳（Hamina）认为，"合作园区"模式可以在国家公园受保护的土地和社区住宅区之间取得平衡。2007年，泰瑞（Teri）、海伦娜（Helena），探索了社区居民对不同对象的意识和态度。还有学者分析了社区居民参与决策过程的利弊。

1.3.1.3　国家公园与地方经济发展方面

国家公园作为生态旅游活动的载体，具有促进当地经济繁荣发展的重要功能。2007年，埃文（Evan）通过"投入产出"模式发现，虽然美国大峡谷国家公园通过漂流活动产生了大量与旅游有关的消费，但一半以上的漏损已经形成，就业机会大多是低薪和季节性工作。

收益分配问题同样受到学者们的关注。2000年，马修通过实证研究指出，印度尼西亚国家公园的收益分配不均，主要受益者是外部运营商和城市居民，农民获利较少，呈现"核心—边缘"的空间结构关系。2003年，塔纳瓦罗假设了"实验性的""魔鬼般的"和"梦幻般的"三种成本效益分配模式，并就其对国家公园及社区经济产生的影响进行了探讨。

1.3.1.4　国家公园管理绩效与旅游可持续性评价方面

布拉姆威尔（Bramwell）、斯基安茨（Schianetz）、瑞金斯（Richins）等提出了更多的指标体系，如生态、文化、经济和社区可持续发展或旅游生态学，社会和旅游环境。2012年，史密斯（Smith）总结了实践研究的评估方法，包括生态足迹法（EF）、环境可持续发展指数（ESI）、人文发展指标（HDI）、能值可持续发展指数（EMSI）、强弱持续指数法（RSI）、指标体系综合评价法（SEI）等。

1.3.1.5　森林旅游理论方面

美国学者格雷格（Greg）首先提出了被广泛接受的森林旅游的概念：森林旅游（Forest tourism）是指直接或是间接以森林作为背景，从事旅游活动的任何形式的林区（土地）。21世纪以来，森林旅游受到越来越多研究人员的关注，发表的论文数量有所增加，研究的角度从环境影响研究扩展到森林旅游管理研究；研究的重点是森林旅游价值与森林利用多样化；研究方法从早期多理论的介绍和讨论到后期的多定量分析和案例研究，从理论研究向应用研究方向转变。

很多学者关注森林旅游价值评估。森林旅游价值研究始于20世纪50年代，目前森林旅游价值研究主要集中在以下三个方面：森林旅游是否有价值、森林旅游资源价值规定和数量规定。1977年，丹尼尔（Daniel）提出了风景评估方法风景美景估算方法（SBE），通过一些可能的因素来描述森林美景。评估森林娱乐的经济价值有很多方法，其中最具代表性的是旅游成本法（TCM）和即时价值法（CVM），这是1986年由美国杜内利（Donelli）提出的，大量学者在做案例分析时采用这两种方法。

1.3.1.6　森林旅游管理与可持续发展方面

1985年，美国学者肯尼迪（Kennedy）认为，森林旅游对环境的一些负面影响主要是因为人与环境的相互作用。包括森林所有者、游客、旅游研究人员、环境保护主义者、区域规划者和当地社区在内的所有利益相关者都是至关重要的，缺乏沟通是冲突的主要障碍。1981年，哈考特（Harcourt）长期调查希腊森林旅游后发现，缺乏当地社区参与决策和管理是发生冲突的根本原因。2001年，丽莎（Lisa）认为，不可持续的林业和旅游业对国家公园构成严重威胁，建立国家公园管理体系，能够为国家公园的保护和可持续发展提供基本保障。

1.3.1.7　森林旅游纪念品开发方面

国外的很多学者认为旅游属于无形的经历，旅游者需要纪念这种无形的经历，可以通过旅游纪念品将无形的经历转化为有形的收藏。

多数学者从旅游纪念品购买动机与消费行为学、消费心理学角度进行深入研究。泰国作为东南亚旅游胜地，近些年吸引众多中外游客，2018年泰国学者瓦朗坤与蒂普朱姆农（Warangkun，Thipjumnong）通过研究发现影响购物区属性的旅游动机因素为自然资源、增进关系和寻求放松；影响游客购买纪念品的购物区域属性主要表现为经济、促销和形象；影响游客购买纪念品的旅游动机主要包含满足声誉、追求品种和与购物区域属性相关的历史文化。2020年库（Kuhn）通过调查问卷考察旅游者的自我表达，并揭示旅游者通过展示旅游纪念品作为旅游体验的物质符号所依附和传达的自我概念。结果表明，游客在向他人展示自己的纪念品时，往往有明确地表达自我信息的意愿。纪念品被用来代表个人的性格特征，与内部团体和新部落的社会关系，并展示个人的旅行历史。2010年休谟（Hume）对纪念品如何摆放与安置进行了研究，同时研究还涉及其他问题，如除了大小和价格之外是什么吸引游客去购买某些纪念品而不是其他纪念品；通过对制作者和消费者附加的叙述，旅游纪念品被赋予了什么意义；最终的展示位置如何等。同样，2011年金佰利·彼得（Kimberley Peter）从"旅游地理学"视角，探讨了当旅游纪念品被植入"家"这个平常、普通的地方，纪念品在家中的"放置"与纪念品所有者在社会关系中的位置、对纪念品重视程度等有显著关系。再"平庸"的纪念品，如茶巾、书签、食物和饮料，和通常在家里发现的外观"普通"的物品一样，但在摆放的方式上，会被认为与手工制作品与艺术品一样重要。

旅游纪念品的设计与开发也是学者们探讨的主要问题，尤其在近些年随着3D打印技术的发展，旅游纪念品的开发与设计结合此项技术得以发展。因此，众多学者研究了基于3D打印技术的旅游纪念品的开发。2019年康斯坦蒂亚·纳斯塔西亚杜和萨姆·维特塞（Constantia Anastasiadou，Sam Vettese）在研究中考察了游客偏好和管理者对3D打印纪念品的看法。传统纪念品是在零售环境中批量生产的，但在这里游客能够与数字制作过程互动。研究结果表明，虽然人们对使用新技术设计和个性化纪念品感兴趣，但也存在需要解决的智力和道德挑战。文章建议将3D打印纪念品作为一种新型的纪念品，并在未来的研究议程中考虑技术对旅游消费的影响。2014年李伟则从视觉语言、文化体验、情感传达、品牌创造等方面探讨地域文化与旅游纪念品的设计融合策略，并对整合与创新的关键问题进行了探讨。2020年马赛特和迪考普（Masset，Decrop）通过象征性互动主义的视角，结合访谈、投射技术和观察的纵向研究对旅游纪念品进行了剖析。研究结果强调了旅游纪念品的时空演化过程，为旅游纪念品的意义提供了一个整体性和动态性的视角。首先，学者认为对一些旅游纪念品的负面感知可能会阻止购买此类产品进入家中。其次，考虑到纪念品对主人的意义，会在不同家庭区域的空间中展示，随着时间的推移，纪念品的意义也可以被重新激活。最后，无意义的纪念品可能离开家的领域。

综上，通过文献梳理可以看出，旅游早期就是外国人日常生活中的一部分，是物质文明与精神文明发展到一定高度的产物。因此，旅游纪念品的研究在国外开展较早，而且研究更加宽泛、系统与深入。诸多学者从消费行为学与消费心理学的角度到旅游地理学与互动主义视角进行了深入剖析，从旅游产品开发、设计的方法与策略上进行探讨，全方位地对旅游纪念品进行了研究，但是对旅游纪念品的总体开发与设计还比较片面，没有形成详细的旅游纪念品开发的系列布局。

1.3.2 国内相关研究综述

1.3.2.1 国家公园理论相关研究综述

许多学者讨论我国是否存在真正意义的森林公园。1995年谢凝高认为"中国国家级景区相当于外国国家公园"；1999年李景奇、秦小平等一些学者认为，与美国国家公园相比，我国具备历史文化内涵，相较之下更加美好。大多数学者如王献溥在2003年提出，中国保护区的形式与国际同仁的保护体系没有对应关系；2016年黄婧美等学者研究强调，中国第一个真正意义的国家公园是黑龙江汤旺河国家公园。

另外，大多数的研究聚焦于对国家公园试点地区案例的研究。我国于2008年批准黑龙江汤旺河国家公园、云南国家公园试点计划，从此中国国家公园建设正式进入发展与实践阶段。对黑龙江汤旺河国家公园进行案例研究的学者有黄茂祝、黄婧美、呼延文娟和贾珊珊等。

1.3.2.2 国家森林公园理论相关研究

（1）概念性研究。许大伟等于1996年首次发表了关于国家森林公园概念的专题讨论。1998年，胡涌等学者根据森林公园基本理论的特点，在理念思考的基础上，对国家森林公园概念、功能、分类与自然保护区之间的关系等理论问题进行了回顾。2001年，俞晖分析了中国国家森林公园发展的一些典型问题，如国家森林公园的性质、功能和特点，认清这些根本问题是国家森林公园经营、建设和管理好的主要条件。2002年，黄秀娟等人通过对福州国家森林公园的调研，分析了游客构成及其偏好，发现存在如下特征：距离上有明显的同心圆结构，性别对游人选择产品的类型的影响很小，以中青年游客为主，游客的职业以公务员、教师、学生和私企工作人员为主，受教育程度在大专以上的游客几乎占了一半，以中等收入游客为主，其他收入阶层的分布比较均匀。2007年，黄远水等认为，目前国内森林旅游园区的发展存在三种模式，即公众森林公园、旅游目的地森林公园和过渡型森林公园。这三类旅游发展与管理模式有很大的不同。公众森林公园基本上是公开的，属公共福利，一般为免费的国家森林公园；旅游目的地森林公园主要是指具有森林娱乐资源的高价值，对游客吸引力很大的国家森林公园；销售门票、强调盈利能力的过渡型森林公园应该是前两者的结合，不仅需要吸引城市居民参加日常娱乐活动，而且还要侧重于外部营销。

（2）国家森林公园游客方面。2003年许春晓以黑麋峰国家森林公园为例，分析了城市居民对周边旅游地的需求特征：①对生态休闲旅游产品喜爱程度较高，带有明显的观光旅游消费导向意识，对具体旅游产品的要求强度依次为高尔夫练习、生态观光、日出日落观光、奇山异石观光，然后是钓鱼、划船一类休闲产品，最后是运动类旅游产品；②偏好亲友结伴和家庭出游，以公共汽车为主要交通方式；③对价格敏感，要求一次旅游花费在 100～300 元范围；④希望开发周末旅游产品，旅游时间消费以 1～2 天为主。此外，2006 年，蒋玲俐专门对城市森林公园学生科普旅游需求做了研究，这些研究都说明国家森林公园需求与发展趋势和国家公园的内涵更接近。2007 年，陈松等学者研究了鹫峰国家森林公园的游客行为，认为人们来森林公园首先是为了休闲和欣赏自然风光，此外，健身也是游客比较偏好的目的。

（3）国家森林公园的经济评估方面。这项研究主要是评估休闲公园的价值。1999 年，王炳贵等认为可以通过收益现值法对森林景观资产进行评价。在对厦门天竺山森林公园的研究中，通过分析与测算公园建成后游客规模、投资支出和收益状况，采用收益现值法对国家森林公园内的森林景观资产的价值进行了评估。2002 年，曹辉等首次比较市场与森林景观资产估值的方法，讨论了评估国家森林公园景观特性的方法。国家森林公园美化资产包括有形资产和无形资产，市场往往只意识到其有形资产的价值，导致国家森林公园合资、合作、股份制经营过程中造成损失。因此，找到国家森林公园的理论资产价值和市场价值的经合点，找出如何评估市场运作价值仍然是值得研究和探索的问题。郭郓等运用逻辑类比法和系统分析的方法比较了国家森林公园的经济评价。评估国家森林公园的娱乐价值，最常用的方法是成本差旅方法，大量相关研究者，如曹辉、胡淑萍等在 2005 年分别进行了理论与应用实例的探讨。在评估森林景观资产时，一般采用目前的市场价格法、收入法的现值和重置成本法。

（4）旅游业发展对国家森林公园的影响。许多研究人员通过定量研究分析旅游业发展对国家森林公园的影响。2002 年，石强从张家界国家森林公园的土地、空气质量、水等旅游发展的角度出发，进行了一系列定量影响研究，提出了园区环境管理对策和措施。王忠君等在 2003 年与 2004 年，分别从旅游业对土壤、园林景观等方面的负面影响，研究了云梦山国家森林公园的经营管理。2003年，学者杨文琪分析了旅游对国家森林公园、水源、稀有物种等景观的负面影响，提出了解决森林资源问题和环境对策的方法。旅游开发是"双刃剑"，对国家森林公园有正面和负面的影响。从上述分析可以看出，现有研究主要针对国家森林公园旅游发展对自然环境的影响，很少落足于国家森林公园对社会、经济及文化的负面影响。

通过以上综述发现，对国家森林公园的研究覆盖范围较广，从初期的理论探讨，到后期的方法应用；从宏观国家森林发展研究，到微观具体的某一国家森林公园发展对策；从国家森林公园主体本身研究，到其利益相关者的研究。对有关森林旅游的研究也较多，但是对国家森林公园森林旅游开发研究的学者较少，从平衡利益相关者关系入手研究国家森林公园森林旅游的学者更少。本书就是要解决国家森林公园森林旅游如何发展这个大问题。通过层层深入剖析，"化整为零"地将大问题转化为每个小问题来进行研究，是本书的视角与创新。

1.3.2.3 森林旅游纪念品国内区域研发方面

国内学者对黑龙江的旅游纪念品开发的研究主要从该省的地域特点与文化特色入手。2016年朱冉提出代表黑龙江省特色的手工技艺很多，包括煤雕、木雕、桦树皮、麦秸、少数民族刺绣工艺，但因设计不够美观，缺乏设计感，并没有引起游客的兴趣。2019年卢禹霞提出旅游纪念品设计应该系列化、层次化，并要融入图形作为信息传递工具；注重旅游纪念品的艺术价值。2020年张卿和任瑞鲲提出将城市文化特色融入旅游纪念品开发中，引入自然元素，如"认领一棵树，保护一片林"等精神层面的旅游纪念品；引入文化元素，深入品牌内涵，以及加入媒体宣传。2019年关大伟与孙莹从森林旅游与森林文化结合的角度，提出黑龙江省旅游纪念品可以分成科普类、特产类、民间工艺品三大种类，结合该省多民族文化内涵设计，在材质外包装上选择鱼皮、牛角、桦树皮、麦秸等，表达淳朴与天然的理念。

张贵海在2019年与2020年两年的研究中，提出黑龙江省处在北纬冰雪资源"黄金带"，气象条件优越，冰雪资源丰富。冰雪已成为居民生产、生活中不可割舍的一部分。20世纪中叶黑龙江省开发冰灯游园会，20世纪末黑龙江省首开滑雪场，使冰雪这种客观存在的自然资源的使用价值得到释放，将冰雪转化为产品，转型为产业，形成新业态造福人民。结合黑龙江省的冰雪特点，2019年李瑾提出了旅游纪念品应该突出"冰雪文化"，旅游纪念品设计应融入地域特色与情感互动。2020年蒲维丽和周洪辉等提出了黑龙江省旅游产品开发应该具有独特性、地域特色、文化底蕴和实用价值，提出以玩为乐的电子地图，以及依托地域冰雪特色进行的滴胶模具DIY的旅游产品的开发思路。2018年赵长夫在研究中通过调查问卷与深入访谈的方法，得到黑龙江省最受欢迎的景观为雪乡、冰雪大世界、中央大街与索菲亚教堂等，游客购买的旅游产品倾向于家中实用型产品，最终设计出雪屋纸抽盒。

在现代科学技术不断发展的时代下，传统工业生产模式已无法适应新时期的社会发展需求，根据构建社会主义和谐社会的相关要求，许多传统工业如钢铁工业开始进行"绿色"转型，在此过程中，部分传统生产基地停止了一切生产活动。为继续发挥这些老工业生产基地的经济价值，相关地区将工业遗址纳入地区经济复兴计划之中，将其改造为区域文创产业的核心内容。2020年陈月娜提出将文化产业跨界融合，传统钢铁工业遗址与文创、旅游产业的深入结合将成为地区经济发展的又一"名片"，为创新传统工业资源的综合利用模式提供了新的思路。2020年王婷婷和孙志伟提出了黑龙江省工业文化遗产旅游的建议。上述思路可以作为旅游纪念品开发新视角，用旅游纪念品反映出黑龙江省老工业基地的发展变革与时代变迁历史。

1.4 研究方法

（1）文献研究法。文献研究法是通过对文献的搜集整理、鉴别与综述，对事实的科学认识方法。本书通过对古今中外的文献进行分类整理与综述，梳理出我国国家公园的发展脉络，明晰了国家公园发展与森林旅游的联系，在大量详尽资料与充分调查研究的基础上，做出科学的判断与分析，辩证地认识国家森林公园森林旅游发展的优势与不足，提出科学合理的优化方案，使我国国家公园的森林旅游得到可持续发展。

（2）调查研究法。通过对我国的国家森林公园进行调查，发现我国国家森林公园森林旅游发展中存在的普遍问题，指出我国国家森林公园森林旅游发展的重要症结，为我国国家森林公园森林旅游发展的优化策略提供依据。

（3）德尔菲法。也称专家调查法，是由研究者拟定调查问卷，按照系统的程序以函件形式分别向专家组成员进行征询，专家之间是"背对背"回答问题的方式，彼此间无互相讨论，也没有横向关系，只和研究人员保持关系。通过反复填写问卷的过程，集结问卷填写人的共识，收集各方面意见，进行统计与反馈。经过几次反复征询与反馈，专家组成员的意见逐渐趋于集中，最终作为高准确率的集体判断结果来运用。本书即采用此方法对国家森林公园利益相关者进行筛选，通过对林业经济专家采用几轮反复的咨询方式，最终归集为一致结论，对后续国家森林公园森林旅游发展参与主体的博弈研究给出了专业性及科学性的依据。

（4）案例法。本书通过文献查阅与网络查询等渠道，搜集了我国国家森林公园的典型案例，总结出我国森林旅游发展中出现的问题；在优化策略部分以黑龙江省森林公园的森林旅游发展情况为例，总结出黑龙江省森林公园在森林旅游发展中存在的现实问题，并提出具体可行的对策。

1.5 研究内容框架与技术路线

1.5.1 研究内容框架

本书研究的是国家森林公园森林旅游发展问题，势必遵循提出问题、分析问题与解决问题的经济学一般规律。从我国国家森林公园的发展演变开始，提出国家森林公园森林旅游发展的限制性因素，找出症结，从症结的根源入手，分析森林旅游参与主体的利益诉求，通过建立相关利益者的博弈模型，提出协调利益主体的关系对策，最后给出优化国家森林公园森林旅游发展的完整策略。从分析的逻辑关系，全书可分为二大板块，共九章。各章节拟研究解决的问题如表 1-1 所示。

表1-1 相关章节拟解决的主要问题

板块	部分	章节	拟解决的问题
第一板块 国家森林公园森林旅游发展研究	第一部分：提出问题	第1章 绪论	选题背景、研究意义、国内外研究现状、研究方法、研究内容框架与技术路线
		第2章 相关概念界定及理论基础	旅游资源开发理论、博弈理论、利益相关者理论
	第二部分：分析问题	第3章 国家森林公园森林旅游发展现状及存在的问题分析	森林旅游参与主体、我国森林旅游发展的生态优势、森林旅游发展的现行战略
		第4章 国家森林公园森林旅游发展参与主体博弈的理论框架	利益相关者筛选；参与主体的利益诉求权利与责任界定；权利资源流动关系、资金资源流动关系、知识资源流动关系分析
		第5章 国家森林公园森林旅游发展利益博弈模型的构建及分析	经济学假设，利益博弈的模型构建及分析
	第三部分：解决问题	第6章 国家森林公园森林旅游发展优化策略	参与主体的权利关系协调，参与主体的利益关系协调策略，参与主体的责任关系协调，建立国家公园体制策略，可持续发展理念的协调策略 以黑龙江为例的策略研究实例

续表

板块	部分	章节	拟解决的问题
第二板块 黑龙江省国家森林公园森林旅游发展策略	第一部分：提出问题、分析问题	第7章 黑龙江省国家森林公园森林旅游发展现状及问题分析	发展现状、黑龙江省森林旅游优势、森林旅游发展存在的问题
	第二部分：解决问题	第8章 黑龙江省森林旅游经济发展的总体思路和对策	发展原则、资源型城市向旅游型城市转型策略、打造全域旅游产品线、创新旅游产品线、加大每题宣传力度、加大监督评价力度
	第三部分：解决问题	第9章 黑龙江省旅游纪念品开发策略	旅游纪念品开发的意义、旅游纪念品开发思路

第1章为绪论，在我国国家公园体制建设的大背景之下，提出旅游发展带动国家经济成为新兴的领头产业，森林旅游成为人们向往的旅游形式，通过对国内外国家森林公园及森林旅游的相关综述，找出本书的研究思路。第2章为相关概念及理论基础，旅游资源开发理论、林业产权制度变迁理论与博弈理论是研究国家森林公园森林旅游的基础理论，在此理论上构建的利益相关者模型与提出的优化策略才能坚实牢靠。第3章即国家森林公园森林旅游发展现状及存在的问题分析，从森林旅游参与主体、我国森林旅游发展的生态优势、森林旅游发展的现行战略方面进行分析，找出限制我国国家森林公园森林旅游发展的主要症结。第4章即国家森林公园森林旅游发展参与主体博弈的理论框架，对参与主体的利益诉求权利与责任进行界定，阐述权利资源流动关系、资金资源流动关系、知识资源流动关系。第5章即国家森林公园森林旅游发展利益博弈模型的构建及分析，构建参与主体利益博弈模型。第6章国家森林公园森林旅游发展优化策略，从参与主体的权利关系、利益关系与责任关系三方面进行协调并提出相应机制建设策略；建立国家公园体制策略，以及构建可持续发展理念的协调策略。在第7章以黑龙江省为例，分析了黑龙江省国家森林公园森林旅游发展的现状及存在问题。第8章为黑龙江省森林旅游提供整体思路和对策。第9章为黑龙江省特色旅游纪念品设计提出了详细方案。最后第10章为结论与展望。

1.5.2 研究的技术路线

国家森林公园森林旅游发展的研究技术路线如图1-2所示。

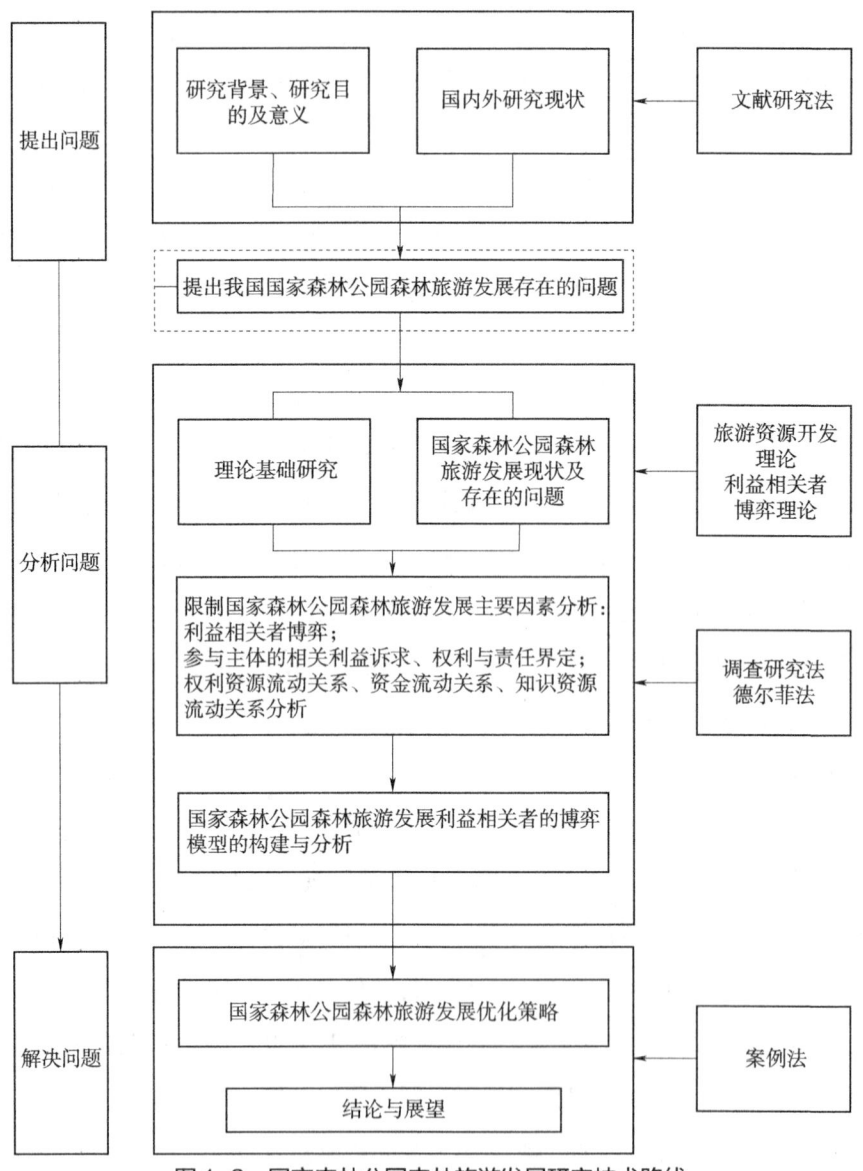

图1-2 国家森林公园森林旅游发展研究技术路线

2 相关概念及理论基础

国家森林公园建设与森林旅游的发展研究需要一定的理论基础作为支撑，其中概念的明晰与界定尤为重要。本章将对国家森林公园、森林旅游进行定义，并以旅游资源开发理论、博弈理论与利益相关者理论作为研究的理论基础，为后续的森林旅游发展研究提供理论支撑。

2.1 相关概念

2.1.1 国家森林公园

2.1.1.1 国家森林公园的界定

关于国家森林公园的认知与解读，我国与其他国家有着较大的差别，对国家森林公园的叫法也不尽相同。我国称为"森林公园"，许多西方国家称为"原野公园"，日本称为"国立森林公园"。西方国家主导了国家森林公园的内涵与理解，"国家公园"的概念是主要思想。第一个国家森林公园在我国设立后，专家学者对国家森林公园的概念展开了深入研究，其内涵与外延也更加丰富起来。

国家森林公园不能简单地理解为传统意义上具有林地树木的公园，我国专家学者从不同的角度对国家森林公园进行了剖析与界定。

一是从建立的基础角度出发加以定义。国家森林公园的定义是：以森林旅游资源为主，依托自然的生态环境，融入其他景观于一体的用于开展旅游事业的生态公园。

二是从功能的角度出发加以定义。我国的专家学者从功能入手，认为国家森林公园除了是依托森林自然生态环境建设而成的区域之外，还具备其他方面的功能，如度假、游览、避暑、观赏、疗养、健身、休闲、运动、教育、考察等。

三是从保护的角度出发加以定义。国家森林公园不同于普通意义上的公园，森林资源是需要特别保护的，因此很多专家学者从保护的角度对国家森林公园进行界定：国家森林公园是经过精心规划、科学设计而建设的，要合理经营并规范管理、要进行科学的保护和适度的开发、具有多种功能、让游客进行森林旅游的区域。

四是从建设的角度出发进行定义。我国的国家森林公园是从林场转变而来的，因此有专家学者将国家森林公园定义为：由国家林业部门主管，森工企业进行经营的，在集体所有的林区建立的多功能森林旅游公园。

五是从行政的角度出发加以界定，我国国家森林公园的建立有着完善的政府审批程序，出于对行政审批的考虑，有专家学者对国家森林公园进行了这样的定义：我国的国家森林公园是严格按照法律规定程序进行申报审核批准的森林区域。

从上述这些观点可以看出，从不同角度，可以给出不同的国家森林公园定义。中国于1994年在《森林公园管理办法》中对国家森林公园的定义规范化：森林公园是指森林景观优美、自然景观和人文景物集中，具有一定规模，可供人们游览、休息或进行科学、文化、教育活动的场所。在1999年我国颁布的《中国森林公园风景资源质量等级评定》中，对森林公园进行了明确且严格的定义，这一定义得到了各界的肯定：森林公园是具有一定规模和质量的森林风景资源与环境条件，可以开展森林旅游，并按法定程序申报批准的森林地域。

本书主要研究的是国家森林公园，对于国家森林公园的界定，经过笔者研究主要采用了《森林公园管理办法》中的定义。在我国发布的《森林公园管理办法》中对不同等级的森林公园进行了比较明确的界定，其中国家森林公园是指：森林景观特别优美，人文景物比较集中，观赏、科学、文化价值高，地理位置特殊，具有一定的区域代表性，旅游服务设施齐全，有较高的知名度。

2.1.1.2 国家森林公园的分类

我国幅员辽阔，地域差异明显，既拥有海岸森林资源，也有沙漠森林生态系统。地形地貌丰富，拥有低纬度盆地植物和高纬度高原森林生态系统。我国跨越五个气候带，拥有从温带到寒带的各种森林类型。依托各种类型森林资源而建的国家森林公园也有明显差异，按照不同类型标志可以将国家森林公园分为多种，详见表2-1。

表2-1 国家森林公园分类

分类标准	类别	特点
景观特色	人文风景型	以人文风景为主，自然景观一般
	森林风景型	以森林风景为主，山水风景较少
	山水风景型	以自然风光为主，缺少人文景观
	综合景观型	森林、山水、人文等景观都具备
地貌形态	山岳型	自然景观和人文景观都很突出
	园林型	人工建设的风景
	冰川型与冰川遗迹	冰川特有的地貌和植物环境
	溶洞型	以溶洞景观为主
	湖泊和瀑布型	以各种水力资源吸引游客
	火山型	火山喷发后形成的地貌
	温泉型	以度假休闲为主
	沙漠型	荒漠与绿色的强烈对比
	草原型	大草原特有的风景
	海岛型	自然风景和海景相映生辉
	海滨型	阳光、沙滩、戏水

续表

分类标准	类别	特点
功能	游览观光型	以观赏景物为主
	科普教育型	以科学教育、科普旅游为主
	疗养保健型	以疗养和保健为主
	休闲度假型	以休闲娱乐为主
	探险狩猎型	以探索和狩猎为主
	游戏娱乐型	以娱乐健身为主
旅游半径	山野型	位于深山老林
	郊野型	位于城市的远郊
	近郊型	位于城市的周边
	城市型	位于城市的市区
经营规模	微型	营业面积0.1万公顷以下
	小型	营业面积0.1万~0.6万公顷
	中型	营业面积0.6万~2.0万公顷
	大型	营业面积2.0万~6.0万公顷
	特大型	营业面积超过6.0万公顷
管理级别	国家级	由国家林业局进行审批
	省级	由省级林业主管部门进行审批
	市县级	由市县级林业主管部门进行审批

（1）按景观特色分：人文风景型，这类国家森林公园是以人文景观为主，自然景观一般；森林风景型，是以森林景色为主，山水较少；山水风景型，是以自然山水为主，缺少人文景观；综合景观型，是将前三种景观全部包含形成的多种景观集合。

（2）按地貌形态分：山岳型、园林型、冰川型、溶洞型、湖泊和瀑布型、火山型、温泉型、沙漠型、草原型、海藻型和海滨型。

（3）按功能分：游览观光型，主要以观赏游览为目的；科普教育型，以科学教育普及知识为目的；疗养保健型，以康养治疗、保养健身为目的；休闲度假型，是以度假放松为目的；探险狩猎型，以探索与狩猎为目的；游戏娱乐型，以游戏玩耍欢娱为目的。

（4）按旅游半径分：山野型、郊野型、近郊型、城市型。

（5）按经营规模分：微型、小型、中型、大型、特大型。

（6）按管理级别分：国家级，省级，市县级。

2.1.2 森林旅游概念及发展进程

2.1.2.1 森林旅游

学界对森林旅游有很多定义和表达，但主要思想表明，森林旅游是指以旅游为主要目标的森林资源背景下的多种休闲活动，这些活动直接使用或间接使用森林资源，可以称为"森林旅游"或"森林生态旅游"。从狭义角度，森林旅游是人们在闲暇时光，基于森林资源的如野营、野餐、登山、观赏等娱乐活动；广义的概念是指在森林中进行的活动，包括任何形式的娱乐休闲活动，也包括科学研究和科学探险。

2.1.2.2 森林旅游发展进程

改革开放以来，森林旅游事业蓬勃发展，中国森林旅游经历了三个阶段。

第一阶段是国家森林公园管理初期阶段。20世纪80—90年代，张家界国家森林公园建立，这是我国森林旅游建设以来第一个真正意义的国家森林公园。此阶段特点是审批的旅游区数量少，国家对公园投入大，旅游业管理不完善，缺少完善的法律建设和制度环境。

第二阶段是快速发展阶段。在20世纪90年代，中国国家森林公园经过十年的基础设施建设和商业实践，森林旅游产生了社会价值、经济价值、生态价值，得到了社会的认可。地方政府对森林旅游发展的积极性越来越高。快速发展阶段的特点是数量快速增长，国家对国家森林公园的投资额度逐年下降，鼓励地方财政、贷款和其他形式投资形式的增长与发展；此外，类型多样，从单一国家森林公园开发，到森林特色旅游保护区，野生动物保护区和植物园等；中国引入了一些行业规范或标准，森林旅游建设开始了规范化和法治化。

第三阶段是稳步完善阶段。2000年至今，这个阶段森林旅游的基本制度开始建立与完善。这一阶段的主要特点是：将森林旅游发展转向意识提升，强调可持续发展、环境保护，坚持人文主义，改变以往重视物质规划、忽视人文关爱的不良习惯，始终保持和谐发展，保护自然生态环境，坚持可持续发展观。森林旅游管理方面逐步完善。

2.1.3 森林旅游发展博弈的参与主体

森林旅游发展博弈的利益相关者主要涉及政府、投营者、公园的员工、游客、周边社区及专家学者，他们在森林旅游发展的过程中扮演着不同角色。政府是森林旅游发展主导者，负责制定发展规划和各种森林旅游政策。政府规划森林旅游发展的方向、方式、路径，在文化保护、基础设施建设、资源配置等方面发挥关键作用；投营者是旅游发展的实施者，是森林旅游发展的经济支柱，向森林旅游开发投资资本，进行各种旅游项目经营、森林旅游资源整合、森林旅游宣传，是森林旅游发展的重要环节；公园职工是保护林业、提供旅游服务的主体，员工的职业精神决定国家森林公园的质量，提高员工素质就是提高森林旅游品质；游客是森林旅游产品的消费者、森林旅游服务对象，是森林旅游发展的推动力，游客对森林旅游产品的质量满意与否是森林旅游发展的重要影响因素，游客通过"示范效应"影响森林旅游；社区周边是森林旅游发展的重要参与者，有时被动参与，有时主动参与，形成了独特的社区文化，是开展森林旅游最有吸引力的旅游资源，也是保护当地生态环境、提高森林旅游形象不可或缺的部分；专家学者是森林旅游的文化倡导与知识传播者，为森林旅游提供理论基础，为完善法律法规提供依据。

2.2 理论基础

2.2.1 旅游资源开发理论

旅游资源开发是指利用现代科技技术，把潜在的旅游资源加以改造，成为能够吸引游客，并且促使游客活动得以实现的经济活动。旅游资源开发不仅是将旅游资源本身进行开发，还需要为游客提供其他满足旅游的条件，如休息、交通、住宿、购物、饮食等。在旅游资源开发中重点是基础设施建设、接待机构的设立及工作人员的培训。

2.2.1.1 旅游资源开发的内容

旅游资源的开发包括以下几个方面：旅游资源由潜在向现实的转化，提高旅游资源所在地的可进入性，建设和完善基础设施和配套设施，培训人才完善旅游服务。旅游资源开发与旅游资源保护是矛盾的。虽然森林旅游的发展会逐步提高人们对环境的保护意识，旅游消费为保护环境提供了经费支持，但是游客的到来对当地的生态环境还是有一定的影响，在开发的过程中会对生态环境造成破坏。

2.2.1.2 旅游资源开发的原则

旅游资源开发的定义是指在吸引游客的同时推动地方经济发展。为了提高旅游资源的吸引力，蓬勃发展旅游事业，保证旅游资源开发的科学性与有序性，应遵循以下原则。

（1）突出独特性原则。旅游资源贵在稀缺，其独特性决定了它的优势。这是旅游资源在开发后能够吸引游客的所在。因此，要突出旅游资源自身特点，在开发进程中要注重保存与发扬这些特点。开发过程中要尽可能保护自然风貌和历史遗存，尤其是对历史旅游资源不要过度修饰和毁损。要挖掘当地特有的旅游资源，突出优势，努力反映当地的文化特点。

突出自己的独特性，如当地特有的民族文化、传统，树立独特的旅游形象。可以想象游客来访就是要观赏奇特景观，如果开发后旅游环境千篇一律，那么游客是不会想来旅游的，即使来过也不会流连忘返或故地重游。旅游环境外观开发中，要突出民族文化，保留建筑、饮食、习俗等风格。

（2）经济、社会、环境统一的效益原则。旅游资源的开发目的是发展当地的旅游业，增加当地经济收入，解决当地就业问题，实现一定的经济效益。由此，旅游资源开发首先是符合当地社会经济发展的需要。并不是所有的地方都适合开发旅游资源，要实际考察开发旅游资源的成本与旅游资源开发后带来的收益的比率，如果成本高收益少对当地来说显然是不经济的。其次，开发旅游资源要合理规划，科学开发。在当地决定发展旅游业的情况下，要根据当地的实际情况，对有关的开发项目的投资效益进行预测，不能盲目地开发，要有计划、有重点地优先开发某些项目。最后，分析开发项目的投资、基础建设周期、经济效益等。但是，经济效益不是旅游资源开发的唯一目的，在实现经济目标的同时，还要考虑环境保护。如果出现破坏生态环境，旅游环境质量下降，当地治安环境差等负面影响，当地旅游资源的持续发展将会受到影响。因此，旅游资源的开发要遵循效益统一原则。

（3）综合开发原则。我国疆土辽阔，不同地域的旅游资源存在诸多不同种类。我国的旅游资源开发应该遵循综合开发原则。综合开发通常是指在自身特色旅游基础上，对其他各类旅游资源进行同时开发。综合开发可挖掘旅游项目的独特魅力，同时也可以克服季节性波动对旅游的影响。通过综合开发将各种旅游资源进行有效的整合，形成一个整体，使游客可以从多个方面发现旅游的价值。换言之，旅游资源的综合开发是指在自然条件基础上增加吃、住、行、游、购、娱等方面的配套功能。

（4）生态环境保护原则。旅游资源开发的终极目标是利用资源大力发展旅游产业。开发过程中对生态平衡的破坏，会导致旅游资源的效用持续降低，因此开发旅游资源的同时，要做到保护性开发，在不破坏生态平衡的条件下进行有限度开发，不能单纯为了追求经济利益而不顾长远的生态利益。

2.2.2 博弈理论

2.2.2.1 博弈论发展历程

作为经济学标准分析工具之一，博弈论主要研究决策主体间的行为，发生直接相互作用或间接相互作用时的决策，以及这种决策的结果。博弈论在经济学领域被高度重视，并且在很多学科中得到广泛应用。

20世纪60年代，博弈论作为一个专门的学科诞生，发展到20世纪70年代已经成为主流经济学研究的方法之一。与博弈论有关的研究共获得了五次诺贝尔经济学奖。博弈论是继边际分析、凯恩斯理论之后，经济学上的第三次革命。

经过多年的发展研究，博弈论的价值被人们所认识，已经成为社会科学研究的重要方法，并且在生物学、国际关系、计算机、管理学、军事学、政治学等很多学科中都有广泛的应用。

2.2.2.2 博弈构成要素

博弈论的基本要素包括博弈局中的对弈者、博弈时双方可利用的各种信息、博弈双方的各种行动、博弈双方使用的各种策略、博弈后的结果及收益。

（1）博弈方（player）：博弈方指的是参加博弈的人或组织，也被称为"参与人"或"局中人"等，是博弈中的决策主体，他们选择以自身利益最大化为目标的策略。博弈方可以是自然人，抑或是团体，如单位、政府、欧盟等。当博弈规则确定后，博弈双方无论大小都是完全平等的。

（2）行动（action）：行动就是博弈方在进行博弈过程中的决策行为。

(3)策略(strategy):是在博弈中参与人可以使用的方法,这些方法的全部行为集合就是策略。它规定参与人在什么时候选择什么方法,博弈中的策略不是某一个行动方案,而是参与人在博弈全过程中从头至尾的行动方案;而参与人选择的所有策略及策略的范围称作博弈策略空间。

(4)信息(information):在博弈过程中,参与人在选择使用何策略时需要掌握一定的知识,这些对策略有帮助的知识被称为信息。

(5)收益(payoff):博弈理论中,收益是在一个完整的博弈策略组合下,参与人得到的效用。博弈过程中收益是所有参与人真正关心的问题,参与人所选择的策略与所有参与人所选择的策略影响每一个参与人在博弈结束时的收益;收益可以是负值也可以是正值,它是分析博弈模型的重要标准。

(6)均衡(equilibrium):指所有参与人的最优策略的组合。博弈中的均衡是指一种稳定的博弈结果,并不是所有的博弈结果都能成为均衡。博弈结果是否均衡是可以进行预测的。

(7)次序(order):是指参与人做出策略选择的顺序。在一个博弈中有时候各个参与人是同时做出决策的,有时候是先后做出决策的,有的时候参与人要做出不止一次的决策选择。

(8)结果(outcome):结果是博弈后所有要素组合,如均衡得益组合。

2.2.2.3 博弈论的产生和发展

博弈论的思想早在我国古代就已经出现,"田忌赛马"中孙膑使用"以君之下驷与彼上驷,取君上驷与彼中驷,取君中驷与彼下驷",就是最有代表性的、典型的博弈策略,"田忌赛马"也成了博弈论中经典的案例。我国博弈理论的研究只停留在应用阶段而没有向理论深入发展。18世纪是现代博弈策略研究的起点,1838年法国人顾诺提出的简单双寡头垄断博弈研究是当时的代表研究,但是这些研究还都比较片面。20世纪50年代,约翰·福布斯·纳什经过多年的研究,发表了《博弈中的均衡点》和《非合作博弈》两篇博弈论论文，在文中约翰·福布斯·纳什利用不动点定理证明了均衡点的存在，为博弈论的发展奠定了基础。后来约翰·福布斯·纳什所证明的这个均衡点，被人们以他的名字命名为"纳什均衡"。纳什均衡理论的产生，解决了"多人参与"跟"非零和"的博弈问题。同时，约翰·福布斯·纳什还开创了有关"讨价还价"的博弈研究，他的研究成果与数学家塔克定义的"囚徒困境"，成为现代非合作博弈论的坚实理论基础。

经过多年的研究，博弈论模型已经开始应用在多学科领域，如经济学和政治学等。在20世纪70年代，博弈论首次作为工具应用于进化生物学中，随后，博弈论方法被微观经济学运用，后期在经济学和社会学等领域，博弈理论也开始被广泛应用。

约翰·海萨尼、约翰·福布斯·纳什、赖因哈德·泽尔腾三人于1994年获得了诺贝尔经济学奖。赖因哈德·泽尔腾对"纳什均衡"的概念基础进行了提炼，定义了完全信息动态博弈——"子博弈完备纳什均衡"，同时深入地研究了不完全信息动态博弈——"完备贝叶斯纳什均衡"。约翰·海萨尼经过不完全信息动态博弈的研究得出"贝叶斯纳什均衡"。之后在二人共同努力下，将"纳什均衡"动态化，增加了不完全信息条件，使结论更接近真实情况。此二人与约翰·福布斯·纳什共同获得了诺贝尔经济学奖。随后，又有四届诺贝尔经济学奖被授予与博弈论研究有关的学者，如1996年授予詹姆斯·莫里斯和威廉·维克瑞；2001年授予乔治·阿克尔洛夫、迈克尔·斯宾塞、约瑟夫·斯蒂格利茨；2005年托马斯·克罗姆比·谢林和罗伯特·约翰·奥曼；2007年授予里奥尼德·赫维茨、埃里克·马斯金、罗杰·迈尔森。同一理论的研究学者被授予了五届诺贝尔经济学奖，在经济研究领域是空前绝后的，这足以表明博弈论在经济学研究中的重要地位。经过多年的深入探讨与理论研究，博弈论不仅已经成为经济学理论发展的一部分，也成了社会学的研究方法。博弈论提供了一种系统的方法，使人们在复杂的、相互影响的情况下做出正确策略的选择。

2.2.2.4 博弈的分类

根据不同的标准可以把博弈分为很多种。

（1）根据同一个博弈中参与人的数量，博弈可以分为"单人博弈""双人博弈"和"多人博弈"。只有一个参与人的博弈被称为"单人博弈"。单人博弈比较简单，因为不需要考虑其他参与人对博弈的反应和作用，相对于多人博弈和双人博弈来说简单很多。从某种意义上理解，单人博弈就是优解论研究。分析单人博弈可以帮助分析多人博弈，因为多人博弈常常需要转化为多个单人博弈进行分析。"双人博弈"即两个各自独立的参与人，研究策略选择，并且有相互影响、相互依存关系的博弈策略问题。双人博弈是博弈中常见类型，也是最多的博弈类型。"多人博弈"是三人或三人以上参与进行的博弈。与双人博弈相比，多人博弈更多关注于自身收益，所以多人博弈中策略和收益的相互影响关系更为复杂，参与人任何一个决策及其引起的反应都要比双人博弈复杂。

（2）根据博弈参与人行动的先后顺序，可以分为"静态博弈"和"动态博弈"。静态博弈是指参与人同时采取行动，或采取行动有先后顺序，但是后行动的参与者不知道先行动的参与者采取的具体行动，因此静态博弈也被称为"同时行动博弈"。动态博弈是指参与人的行动有先后顺序，并且后行动的参与人知道先行动的参与人的决策，知道前者采用了什么行动。

（3）根据每个参与人的策略数量，分为"有限博弈"和"无限博弈"。在博弈过程中参与人采用的策略数量有限，就称之为"有限博弈"；在一个博弈过程中，至少一个或多个参与人采用的策略数量无限，就称为"无限博弈"。

（4）根据参与人对其他参与人所掌握的信息程度可以分为"完全信息博弈"和"不完全信息博弈"。"完全信息博弈"是指在博弈过程中，每个参与人对其他参与人的收益情况及策略选择都完全了解。而"不完全信息博弈"是指在博弈过程中，每个参与人对其他参与人的收益情况及策略选择不知道，在不完全信息情况下，博弈中参与者的最终目标都是使自身收益最大化。

（5）根据博弈中所有参与人的收益总和，分为"零和博弈"和"非零和博弈"。"零和博弈"指在一个博弈中，参与博弈的各个参与人的收入在严格的竞争环境下，一方的收益必然代表另一方的损失，在博弈中所有的收益和损失相加等于"零"，博弈的双方不存在合作关系。而"非零和博弈"则指在博弈的过程中收益和损失的相加不为"零"。"非零和博弈"又可以分为"常和博弈"和"变和博弈"。

（6）根据博弈参与人之间是否存在合作关系可以分为"合作博弈"和"非合作博弈"。"合作博弈"指在博弈的过程中有着一个对各参与人具有约束力的协议，各个参与人在协议的范围内进行博弈。而如果各个参与人无法通过谈判形成一个有约束力的契约来限制各个参与人的行为，那么这个博弈就属于"非合作博弈"，非合作博弈是现代博弈论研究的方向。

2.2.3 利益相关者理论

从20世纪60年代起，利益相关者理论逐渐演变为全球范围内最重要理论和具有实践价值的课题；同时成为西方学术界普遍认同，并且认为是"具有诱人学术前景的理论"，也是"具有巨大创新空间的理论"。在德国和日本等国家，已经得到充分的实践印证，近些年我国对这一理论的研究也颇多。目前，该理论已经突破了最初的管理学范畴，在许多迥然有别的领域之中广泛运用，成为一种十分有效的分析工具。

2.2.3.1 利益相关者理论产生的背景

一个理论的产生不是偶然的，要经历漫长的过程与"肥沃的土壤"，利益相关者理论的产生有着强大的理论背景。我国经济学家张维迎（1999）指出，"企业理论"被认为是主流经济学中发展最迅速、最富有成果的领域之一；它在对新古典经济学的反思和不满中发展起来，它帮助人们认识了企业内容，使人们对企业有了深刻认识。然而，许多学者却对企业剩余权安排的"股东至上主义"和"资本雇佣劳动"的论断进行了批评。

随着"股东利益至上"理论的盛行，20世纪六七十年代利益相关者理论开始稳步发展。美国布鲁金斯研究中心的布莱尔博士（Blair）作为利益相关者理论的代表人物之一，指出随着时代的变迁该理论立足的关键之处在于物质资本所有者在公司中的地位呈逐渐弱化的趋势。利益相关者理论强烈质疑"公司是由有该公司普通股的个人和机构所有"的传统核心概念。支持利益相关者理论的学者唐纳森（Donaldson）和普勒斯顿（Preston）认为，股东不是公司唯一的所有者，公司本质上是一种受多种市场影响的企业实体，而不该是由股东主导的企业组织制度；应考虑到债权人、管理者和员工等许多为公司做出特殊资源贡献的参与者。布莱尔分别在1996年和1999年进行了进一步分析，由于各种金融衍生工具的出现，股东可以用证券组合方式来降低风险，从而降低了激励他们密切关注公司生产经营的动力。因此，动摇了股东具有"最佳的激励来监督经营者并观察企业的资源是否被有效地使用"的命题。公司不再是实物资产的简单集合，而是一种"治理和管理者专业化投资的制度安排"。公司资本不仅来自股东，而且来自公司的雇员、供应商、债权人和客户。"股东利益至上"理论的思想根基是契约理论和产权理论，而利益相关者理论从不同的角度来理解企业契约和产权安排，从而构建起自身的理论体系。

利益相关者理论的发展与时代发展的现实背景也是紧密相关的。从20世纪60年代末的宏观经济状况来看，英、美国家所奉行的"股东至上主义"遇到了前所未有的挑战，如企业伦理问题、企业社会责任问题、环境管理问题等，导致这些问题产生的根源是忽略了企业的利益相关者；相反，在大力推行利益相关者理论的德国、日本及东南亚国家的经济却迅速崛起。20世纪70年代后，很多企业采取折中态势，即在经营中按照法律最低要求来维持相关者利益，但随后就陷入疲于与难于应付各种利益相关者的诉求的窘境，导致企业经营业绩下滑，不得不使经营者向利益相关者的双赢与多赢靠拢。

2.2.3.2 利益相关者理论与旅游业发展的关系研究

由于利益相关者理论较好地兼顾了社会、经济与环境各方面利益，促进了社会与经济的长远发展，因此被用于社会发展的各方面研究中。旅游业发展是社会与经济发展的产物，然而旅游业带来的环境污染、对社区生活影响、不平等分享旅游利益与不公平进行资源分配等负面问题层出不穷，受到社会的广泛关注。此外，旅游业的发展需要整合一切相关资源才能增强竞争力。旅游业是围绕着各个利益相关群体所开展的经济发展活动，利益相关者的旅游意识对旅游业发展起着至关重要的影响。这些问题与利益相关者理论中的"社会责任"与"伦理思想"不谋而合，西方国家运用该理论进行的旅游业发展已经显示出明显成效。黄昆在2003年、2004年指出，我国的旅游业发展也正面临着社会与环境问题的挑战，如果只一味追求经济利益而不顾社会责任则会导致旅游项目衰落、环境被破坏的严重后果。2006年，程励指出，利益相关者诉求需要被旅游地高度重视，建立利益冲突协调机制才能发展好我国的旅游产业。

本章小结

本章对研究对象——国家森林公园森林旅游发展的概念进行了明确定义，对其相关理论基础——旅游资源开发理论、博弈理论与利益相关者理论进行了详尽介绍，为后续基于博弈理论的国家森林公园森林旅游发展研究奠定了良好与坚实的理论基础。

3 国家森林公园森林旅游发展现状及存在的问题分析

本章将对国家森林公园的角色与功能进行阐述，描述国家森林公园森林旅游发展的现状，剖析存在的问题，为进一步解决森林旅游面临的瓶颈问题做好铺垫。

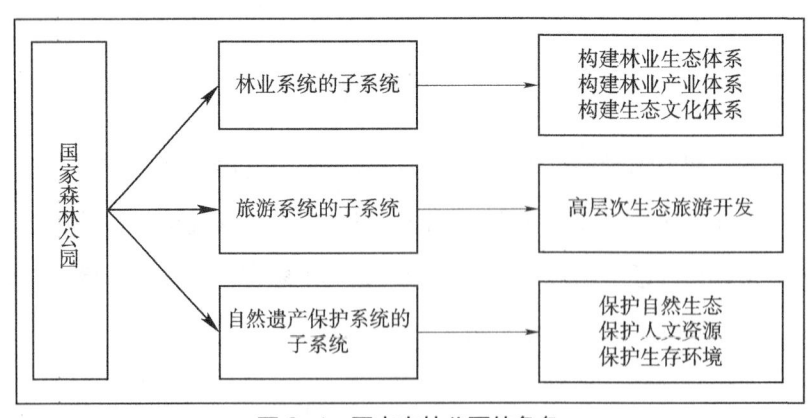

3.1 国家森林公园的角色与功能

3.1.1 国家森林公园的角色

国家森林公园是庞大系统中的子系统，其作为林业系统的子系统、旅游系统的子系统及自然遗产保护系统的子系统，扮演着不同的角色（图 3-1）。

图 3-1 国家森林公园的角色

3.1.1.1 林业系统的子系统

当代林业建设的总目标是构建完善的林业生态体系，构建发达的林业产业体系及构建繁荣的生态文化体系。当代林业体系要肩负改善生态、促进经济发展的多重使命，而这些使命的重要载体就是"国家森林公园"。国家森林公园的产生承载着经济发展的推动力，森林旅游业的发展标志着我国林业发展已经扩展到多种资源全面开发、充分合理利用资源的新阶段，为我国的林业发展注入了鲜活的生命力。国家森林公园的发展给林区带来巨额经济收入的同时，也促进林业生产力和地方经济及相关产业的发展，使地方经济产业结构得到合理调整，使社区关系融洽，有力地推动地方经济社会的和谐发展。

以国家森林公园为主体的森林生态旅游既保护了森林资源、自然环境、当地历史、民族文化遗产，又满足了人们对高质量生态环境和丰富文化娱乐生活的需求。国家森林公园，也可称作林业生态文化体系构建基地，国家森林公园中蕴含着生态保护、生态建设、生态哲学、生态伦理、生态美学、生态教育、生态艺术、生态宗教文化等各种生态文化要素，是生态文化体系建设中的精髓。国家森林公园建设包括森林博物馆建设、标本馆建设、游客中心建设；还包括科普教育基地设立、科普长廊设计、解说步道及宣传科普的标识、标牌、解说牌等。生态文化基础设施的诸方面建设，为人类认知森林、了解生态环境以及探索大自然奥秘提供了一定的场所和有利条件。人类在森林游憩过程中拓展对自然生物的认知，获取自然生态知识信息，通过科普教育达到了"知性之旅"。

3.1.1.2 旅游系统的子系统

国家森林公园具有丰富的自然资源、开阔的空间、静谧的环境、新鲜的空气，是人们旅游的较好去处。国家森林公园建设已从作为国有林场的多种经营项目发展到了旅游目的地体系的重要组成部分，也成为我国现代林业产业体系和国家大旅游产业的重要组成部分。国家森林公园的旅游开发丰富了旅游业的内容，提升了旅游的内涵，国家森林公园在旅游系统中占据了越来越重要的位置。

3.1.1.3 自然遗产保护的子系统

2005 年，经国务院审批、国家发展和改革委员会及国家林业局等有关部门编制的《国家文化和自然遗产地保护"十一五"规划纲要》指出，国家森林公园是国家重大自然文化遗产地的组成部分之一。建立国家公园的目的就是保护自然生态系统的原真性与完整性，把最该被保护的地方保护起来。

3.1.2 国家森林公园的功能

3.1.2.1 游憩功能

国家森林公园的自身价值，主要体现在国家森林公园的游憩功能上。①观赏价值。国家森林公园具有多彩的森林景观：有山川、湖泊、怪石、溶洞、温泉等壮美的地质地貌；有历史名胜、民间风情、古代建筑等人文景观；有奇珍异兽、名花异草、名柳古柏等观赏性动植物；有春夏秋冬、五颜六色的季节变化。因此，国家森林公园具备美学欣赏的价值。②健康价值。国家森林公园中植被覆盖率高，负氧离子含量充足，有杀菌、降噪、净化空气的作用，很多植被本身也具有药用价值。森林旅游过程中游客不仅放松身心，也通过获得充足养分达到保健效果。许多国家如日本、美国等将疗养院建于森林之中，世界卫生组织也通过森林疗养院的方式进行康复保健研究。③体验价值。人们可以在国家森林公园中开展多种游憩活动，如攀岩、登山、漂流、垂钓、野外宿营、滑雪、骑马、各种探险、绘画、摄影、考古研究等，游客还可以体验农家生活与农家的饮食文化。

3.1.2.2 生态保护功能

国家森林公园通常会保持完整的森林生态系统，具备一定的抵御污染、降尘降噪、固碳释氧、涵养水源、保持土壤肥力的功能。国家森林公园建设的首要目的，就是保护其原有的生态功能。如前文所述，国家森林公园是自然遗产保护系统的子系统，是自然形成的地质地貌、生物形态、文化遗迹的载体，这些保存下来的遗迹对人类探索地球与人类发展具有极高的科学、美学与生态价值。所以，建设国家森林公园的目的之一就是要保护资源，使资源与文化得以保留与传承，不能因为要获得经济价值而使这些无价的自然资源受到破坏。

3.1.2.3 科学研究功能

世界上近 1000 万个物种都蕴藏在森林中，因此森林被称为"地球最大的物种基因库"。这些物种是生物医学、遗传学、仿生学、航天学、艺术学等方面研究的对象。森林与地球相存相依，是地球上最大的陆地生态系统，它除了是地球上的基因库，还是碳贮库、蓄水库和能源库，在人类揭开自然与人类历史、人类进化与生态系统的动态性和其他自然过程奥秘的科学中占据着重要地位。

3.1.2.4 森林旅游开发的衍生功能

国家森林公园的建立是发展旅游产业的重要推动力与支撑。我国森林资源丰富，蕴藏着巨大的潜在经济价值，森林旅游开发成为获取经济价值的通道。科学地开发森林资源，使森林产生经济效益的同时又为减缓森林资源的耗费、加强森林保护意识增强物质基础。森林旅游发展能带动其他相关产业发展，增加就业，促进社会及社区文明发展，成为我国经济与社会发展的重要推动力。

3.2 国家森林公园森林旅游发展现状

我国的国家森林公园建设起步较晚，发展至今不足 30 年，但我国国家森林公园建设势头强劲，发展迅速。随之，森林旅游也得到了蓬勃发展，既为当地解决了就业问题，也带动了当地经济的发展，森林旅游已经显现出深远的发展前景。自 2010 年以来的数据显示，我国国家森林公园的森林旅游产业发展在经济效益和社会效益方面成果显著。

首先，国家森林公园建设大力推动了社会区域经济的蓬勃发展。自 2010 年以来的旅游收入显示，旅游已经成为国家森林公园各项产业的支柱，且由于森林旅游不用消耗森林资源，其已经成为我国珍贵森林资源保护及林区自然文化遗产保护的重要组成部分。现今我国国家森林公园的基础建设和配套服务设施得到了很大改善，旅游产业的规模也不断扩大，国家森林公园旅游业的发展也从最初的以门票收入为主，逐步形成以"餐饮、交通、住宿、购物、娱乐、游览"配套的多边服务体系，逐步形成森林旅游的多渠道产业的综合发展。森林旅游服务业逐步成为我国林业产业中最具有活力的产业，旅游业还起到了带动作用。我国有很多国家森林公园的地理位置比较偏僻，当地人民生活水平落后，有的属于贫困山区，如今依托森林旅游的开发和相关产业的带动，当地居民自力更生摆脱了贫困，当地经济走向富裕。森林旅游的蓬勃发展，标志着我国林业产业开发中对林业资源的经济使用方式发生了转变，实现了由单一的资源消耗发展模式即伐木卖钱方式，向保护森林资源及生态环境综合开发利用转变。新的旅游发展模式，充分发挥了森林生态功能，实现了森林资源的生态效益、经济效益、社会效益的综合发展，进而促进森林产业的可持续发展。

按东、中、西、东北四大地区进行统计发现，我国目前的国家森林公园发展不平衡，东北地区国家森林公园总数少但总面积比较大，国家级森林公园面积大，省级及以下国家森林公园数量相对少；西部地区的国家森林公园数量不多，但占地面积最大，如表 3-1 所示。

表 3-1 全国国家森林公园分布、数量与面积情况

地区	总数/处	国家级数量/处	国家级总面积/平方千米	省级数量/处	省级总面积/平方千米
东部	1390	210	128.07	512	79.32
中部	761	209	155.77	412	75.56
西部	719	252	541.97	394	199.81
东北	231	121	400.28	110	76.43

其次，国家森林公园的发展增强了社会影响力。2010 年王健林认为，随着人们生活水平的提高，人们对物质文化水平的需求也逐渐提高，追求回归自然的欲望也与时俱进，国家森林公园的发展正符合了时代经济社会发展的要求。为了丰富人们的社会文化生活，满足人们对自然的渴望，国家森林公园为人们提供了户外休闲旅游的需求。国家森林公园依托自然环境和良好的森林风景，正逐步成为人们进行生态旅游的理想场所，国家森林公园也逐步成为人们休闲度假的首选。同时，国家森林公园不断挖掘生态文化。2011 年杨群指出，丰富国家森林公园的旅游文化内涵，推出各种教育为主题的生态文化旅游，使人们在寓教于乐中学习知识，受到教育，有力地推动了精神文明事业的建设和发展。2014 年国家旅游局提出人们在森林旅游活动中增强了生态保护意识，使人们的保护生态建设思想得到提高，增强了国家森林公园旅游产业的社会影响力。

再次，森林旅游的发展有效地促进了林业产业的结构调整。国家森林公园建设是作为一项以生态资源保护为主的社会公益事业，承担着保护生态环境的重要任务，从根本上改变了国有林场的经营模式，把国家森林公园直接从各类商品经营的活动中剥离；通过对当地森林资源的保护，开展国家森林资源建设管理，强化森林资源资产管理，不断改善森林的景观功能，加强国家森林公园公益性旅游基础建设等方面，森林国家旅游发挥着

积极有效的作用，为国家森林公园发展旅游业提供了发展平台，改变了过去对国家森林公园重建设轻管理，重视旅游开发轻视环境保护的观念。在产业建设上依托自然资源，发展森林旅游产业已经成为国家森林公园的主导方向。旅游业顺应了市场经济发展的要求，构建了有利于森林资源保护和旅游产业发展的国家森林公园管理体制，对产业机制进行改革，把森林旅游产业推向市场，目标是要把森林旅游产业办成开放式的社会文化产业。

最后，国家森林公园的自身管理不断得到改善，我国已经从产业规划、资源管理、法治建设、环境保护等方面进行科学的规划，不断加强国家森林公园的管理。以《国家级森林公园总体规划》为依据，国家林业局对我国的国家森林公园发展进行科学规划。《国家林业局关于加强森林风景资源保护和管理工作的通知》明确了国家森林公园资源管理中各个行政部门的职责，指出加强森林资源的保护是各级林业主管部门的重要任务。《国家级森林公园设立、撤销、合并、改变经营范围或者变更隶属关系审批管理办法》，实现了国家森林公园旅游产业的行政管理，为各地区不同的国家森林公园建设和旅游管理提供了行政法规依据。

3.2.1　国家森林公园森林旅游参与主体现状

各个利益相关群体在参与国家森林公园旅游过程中自身往往都面临着选择，政府、投营者、周边社区、公园员工、游客、专家学者等主要的利益主体都从自身角度衡量森林旅游的利益。

（1）政府。对于中央政府机构，其要求是与整个国家的目标、政策、立法相一致，作为一个国家的管理者，维护公共利益是政府的基本职能之一，在《中华人民共和国宪法》中明确指出森林、草原、水流、荒地、矿藏、山岭、滩涂等自然资源，都属于国家所有，即全民所有。国家对旅游资源拥有所有权，国家森林公园内的资源无论采用什么样的经营模式，其国有的本质都不会改变，所以政府对国家森林公园的管理权是与生俱来的。国家森林旅游资源的保护和开发是国家利益的体现，具体讲就是森林资源要先得到保护，然后才是合理的资源开发，因此，国家作为管理主体，其管理的视角首先是环境效益，其次是社会效益，最后才是经济效益；地方政府是地方各级国家权力的执行机构，是国家各种职能的具体执行部门，地方政府必须以履行国家各种职能为首要任务，因此，国家森林公园的设立虽然需要由国家林业局给予行政许可，但是地方政府也具有对国家森林公园建设和经营情况的监督职能。生态环境的保护、旅游资源的开发、旅游资源的持续发展都是地方政府对国家森林公园的监督任务。地方政府同时也是当地利益的代表者，当地的社会经济发展是其职能发挥的直接表现，因此，与国家所关注的重点不同，地方政府首先关注的是经济效益，其次是社会效益，最后才是环境效益。

（2）周边社区。从利益相关角度出发，周边社区是国家森林公园经营过程中主要的利益相关者之一。首先，旅游业是以当地各类公共设施为依托发展的综合的资源开发，可以视为周边社区将其公共设施投资到了森林旅游业。除了公共设施以外，整个森林旅游的景区是周边社区生活的环境，景区的变化对周边社区产生直接或间接的影响。从这个角度看，周边社区实质上将自己的生存环境作为资本进行了投资，因此，周边社区作为利益相关者之一，其要求是在对国家森林公园投资建设时对周边社区的生活干扰降到最低。其次，国家森林公园经营中需要的员工主要也来自当地的居民，居民用自己的人力成本进行了投资，成为国家森林公园旅游的内部公众，其要求是良好的工作环境，增加收入。最后，在一定条件下，周边社区及居民本身对游客来说就是吸引力，周边社区及居民也构成了国家森林公园旅游产品的一部分，当地居民以其自身作为产品投资于国家森林公园中，要求是投资建立无污染及持续健康发展的绿色家园。因此，国家森林公园作为周边社区投资的客体，必然要受到当地居民的关注，国家森林公园经营的好坏将决定周边社区投资收益的好坏，周边社区具有对国家森林公园投资进行监督的动机。周边社区对国家森林公园的监管视角由当地经济发展水平来决定,如果当地的经济发展水平落后,周边社区的关注点就在经济效益上;如果当地的经济发展达到一定高度,周边社区的关注点将转移到环境、生态、社会等效益上。

(3)投营者。除了政府和周边社区之外,投营者也是国家森林公园旅游发展的利益相关者,投营者是从项目投资到旅游项目建成之后,使项目能够正常运转的管理者。他们按照要求形成综合生产能力,培训工作人员,建立完善的管理制度,健全合理的操作规程,保障项目的正常运营。随着我国国家森林公园的发展,各地区都因地制宜地实行了内引外联的方式,通过"政府主导、市场运作、社会参与"的投资思想,采取合资、承包、合作、联营、租赁等多种形式,吸引社会各界及民间资金参与国家森林公园的开发。目前,我国的国家森林公园的投资主体是社会投资,投营者为了实现利润即经济利益最大化,关注点主要是在经济效益上。对于现代企业,社会责任是其组织发展的必要条件,所以越来越多的企业开始注重生态效益,但在实际操作中,可能出现为了经济效益而忽视生态效益的情况。为了避免这种情况的发生,需要由政府出面从宏观的管理层面对经营者的各种行为加以规范,使投营者在获得经济效益的同时能够保护好生态环境效益。

(4)游客。与真正意义上的生态旅游者相比较,我国的游客属于传统的旅游者,需求也是自利的短期的感官满足。游客的环境保护意识不强,因此需要开发国家森林公园高端生态旅游产品,通过生态旅游的宣传及教育来培养真正的生态旅游者。

(5)公园员工。员工是森林旅游的保障和推销者,国家森林公园的员工由两部分组成:一部分是外来者,具有良好的文化,懂专业知识和技能,在国家森林公园中承担中层管理的角色,是生态旅游发展的人力基础;另一部分是周边社区的居民,依靠国家森林公园解决就业问题,文化程度偏低,缺少专业知识,经过国家森林公园的培训上岗工作。

(6)专家学者。近年来,我国的高等院校和科研机构,在国家森林公园开展了生态旅游及相关问题的理论研究和实践调查,我国还专门成立了生态旅游专业委员会,一些学院还设置了生态旅游专业。很多知名学府如南京林业大学、北京林业大学、东北林业大学等都在国家森林公园建立了教学实习基地,进行科学考察。国家森林公园还开展各种教育活动,每年都有成千上万的学生接受自然科普知识教育。这些机构的活动在一定程度上推动了我国的生态旅游发展,但是我国的生态旅游理论研究还需要提高。

3.2.2 国家森林公园森林旅游发展趋势与条件分析

3.2.2.1 国家森林公园森林旅游发展趋势

人类需求不断扩大,对森林旅游的产生和发展提出了新要求。人类的需要分为三个层次,即生存需要、享受需要和发展的需要。其中,人类生存需要是初级需要,主要是指穿衣、饮食的基本需要,这一需要无论在数量还是质量上都是有限的;人类的享受需要则是较高和更高层次的需要。人类的需要又包含两个基本方面:一是经济需要,二是生态需要。前者包括各种有形的物质产品和无形的劳动服务,后者包括对各种良好生态环境和各种生态环境要素的需求。当代森林旅游逐渐稳步发展,实际上就是体现了在经济发展的基础上,人类对享受需求和发展需求的诉求,尤其有对生态需求日益提高的发展趋势。

近年来,中国的社会经济发展实践正是这样。随着世界经济的发展,人们的经济收入和物质生活水平不断提高,因此逐步扩大了享受需求和发展需求,随之就出现了普遍"向大自然回归"的发展趋势。2010年我国国家森林公园有2583处,至2019年增长至3594处,同比2018年的3548处增长了1.3%;我国国家森林公园旅游总人数从2010年的3.96亿人,增长至2019年10.19亿人;旅游收入从2010年的294.94亿元增至2019年的10 005.45亿元,旅游收入首次突破万亿元。截至2017年,我国国家森林公园总面积已达203 819平方千米;国家森林公园的网络发展结构、完备的森林生态风景资源管理体系及合理开发体系全面形成。我国森林旅游具有的资源保护和开发效益同时发展，带动功能强、就业容量大的独特优势将得到充分发挥。

（1）面向社会，建立游、食、住、行、购、娱、教一条龙服务体系。开展森林旅游，是一项多功能、多学科、多行业的系统工程。理想的森林旅游应给予游人多层次、多方位的满足与享受。一个好的森林旅游就是一个小社会经历，游人不仅能游览名胜风光，参观古迹文物，尽情野餐、露营、游戏，还能享受到舒适、方便的饮食和住宿设施，购买到具有地方特色的商品。可以说，以游人为中心，把森林旅游发展成为游、食、住、行、购、娱、教一条龙的服务体系，是森林旅游的一个发展趋势。

（2）内容多样化。森林旅游活动内容随着森林旅游需求及效益的高增长也呈现出多样化的变动趋势。人们的旅游心理更加趋向于求新、求异、求知、求参与，因此，游人更加青睐富有森林特色的生态旅游产品，像森林健身型产品，如登山、攀岩、滑雪、山地自行车、游泳等；像森林保健型产品，如森林浴、森林疗养等；像森林游憩型产品，如野营、露营、远足、垂钓等；像探险型旅游产品，如洞穴探险、江河源头探险等；像欣赏型产品，如观鸟、观赏野生动物等；像科普、艺术型产品，如采集标本、摄影绘画等。

（3）市场多样化。当下中国森林旅游的主要游客来源是国内旅行者，海外游客数量不足1%。根据世界旅游组织数据显示，2019年，全球出国游游客达到15亿人次，与2018年相比，增加4%，中国接待了6750万名外国游客，占比4.5%，成为最受外国游客欢迎国家的第四名。随着受欢迎程度的不断上升，未来中国将成为吸引世界游客的重要旅游胜地。那么，森林旅游的海外游客也势必会大幅度增长，初步估算可以占年森林旅游总人数的5%。国内旅游市场中，中老年游客将对森林旅游的保健、游憩活动十分感兴趣，广大青少年及大中小学生会被森林旅游的健身、科普、探险活动吸引，青少年学生与中老年游客将成为未来森林旅游的主力军。

3.2.2.2 影响我国森林公园森林旅游发展的因素

本节将用 SWOT 分析法来分析森林旅游的内部优势、劣势和外部机会、威胁这些变化因素，这种分析有利于人们对森林旅游所处环境进行了解，并可以进行全面、系统、准确的研究，对发展战略制定和计划实施，以及与之相应的对策和举措的准备有较大帮助。

通过对资源、技术、资金、人才管理等方面进行分析，明确景区自身的优势和劣势、强项和弱项，建立独特的核心竞争力，在景区最具有优势的方面获得成功。不顾自身条件盲目竞争对景区来说是致命的，其核心竞争力不要求在每个方面都有超强的能力。因此，需要对内部因素进行准确的分析，使景区在具备的优势方面形成创新，核心竞争力也就成为最重要的竞争战略，详见表 3-2。

表 3-2 我国国家森林公园森林旅游发展 SWOT 分析

优势	劣势
1. 资源优势：多样地形地貌 　　　　　多种野生动植物 　　　　　名山大川文化资源 　　　　　气候优势 2. 完整的林业体系：4200 多个国有林场 　　　　　15 万个集体林场 　　　　　3000 多有价值开发区 　　　　　林业六大体系工程 　　　　　森林区域景区网络优势	1. 没有形成森林旅游经济思想体系 2. 专业技术人才缺乏 3. 建设资金短缺 4. 教育宣传不到位 5. 自然景观和旅游季节性的制约 6. 旅游产品开发的欠缺 7. 科学的总体规划、管理规范的缺乏
机会	威胁
1. 优越的发展环境机会 2. "一带一路"倡议	1. 不适应森林旅游发展的管理和体制 2. 过度的旅游开放和不文明旅游行为 3. 森林旅游区外缘交通不够便捷

（1）优势。森林及其多样性的生物资源，是森林风景资源的主体，是森林旅游得以生存和发展的物质基础。

①地形地貌复杂，森林景观奇特。我国面积广阔，从南到北跨越五个气候带，气温、降水和植被差异都很大；从东到西横跨多种地貌类型，如平原、丘陵、台地、高原和山地；从海滨林场到高原自然保护区，海拔差达8000多米。不同的水热组合，使每个地域形成特有的气候和地貌，创造了五彩缤纷的自然森林奇景。从西双版纳的热带雨林到东北北部的寒温带针叶林，从沿海的红树林到天山北坡的泰加林，组成了景观特色各异的森林旅游资源。山岳森林型、海滨森林型、沙漠森林型、冰川森林型、溶洞森林型、火山遗迹森林型、森林湖泊型、森林草原型、热带雨林型等陆地生态系统的森林风景资源几乎全部可以找到（图3-2）。陕西太白山国家森林公园中"一山有四季，十里不同天"景观比比皆是；以四川瓦屋山国家森林公园为代表的被誉为"水的世界，洞的天下，花的王国，云的故乡，动植物的博物馆"的景观更是遍布大江南北。

冰川森林型　　　　　　海滨森林型

山岳森林型　　　　　　沙漠森林型

图3-2　国家森林公园部分类型

②野生动植物资源丰富，生物群落多样。据研究，我国广袤的丛林地

区蕴藏有巨大的野生动植物资源，有高等植物约 3.2 万种，占世界高等植物种类的 10% 以上，木本植物 8000 多种，野生动物 2100 多种。另外，还有无数经济开发价值极高的菌类、山野菜、中药材和奇异的野生花卉等。

③我国山岳名川众多，历史久远文化璀璨。我国上下五千年历史，悠久弥长，历史文化璀璨，令世人叹为观止。森林是孕育这些历史文化的土壤，中国自古就有文人学者游览名山大川的典故，开阔的胸怀、豁达的思想境界，使作品千古流传。另外，古人崇拜崇山峻岭，许多帝王行宫、古寺名刹、佛教及道教圣地都建在名山大川、自然风光优美的地方。在山区，许多少数民族聚居地也成为人们了解民俗生活、吸收文化精华的热点之地。许多革命根据地也均在山区，更是吸引众多游客新的旅游胜地。森林中蕴藏着丰富的人文景观资源，如古建筑、古遗址以及具有历史、艺术价值的革命遗址、出土文物、石碑、壁画、摩崖石刻、古人传说和文人墨客的手迹、趣闻等，都为森林旅游增添了文化内涵和旅游价值。

④环境幽静，气候宜人。野生动植物和森林社区非常丰富，提供了非常好的生态环境。这里有湖泊、温泉和瀑布，是娱乐、钓鱼、夏令营和科考的好去处。

（2）劣势。

①缺少独特森林旅游经济思想。森林旅游是中国林业建设发展的新事物。传统的林业经济是依靠树木森林，从事简单种植、管理和伐木。森林旅游业的发展是林业发展的必然产物，是社会主义市场经济、森林经济和市场经济发展趋同的结果。虽然森林旅游经济是新生事物，且涉及许多其他学科，但仍然属于边缘科学，需要深入探讨许多问题，形成一个用于指导经济发展的独特而完整的思想体系。

②专业技术人才缺乏。虽然森林旅游有较长历史，但相关管理人才始终缺乏。由于许多国有林场效率低下，生活条件艰苦，许多专业技术人员和管理人员都不愿留在林场，对林业旅游发展非常不利。

③建设资金短缺。资金一直是建设和发展旅游的重要保障，也是影响森林旅游发展的重要因素。如果旅游区管理经费没有固定来源，地方财政只能支付工资，无法开展旅游、生态保护和科研等正常的管理。森林旅游业的发展带动各地国家森林公园、自然保护区、风景名胜的建设，各地方通过多种渠道筹集资金，但缺乏宣传力度，缺少市场策略，建设资金很难筹措。

④教育宣传不到位。对国家森林公园的科普宣传和专业性交流不重视，多数群众认为，国家森林公园仅仅是一个可以无偿提供森林游乐的场所，国家森林公园建立后又使游客蜂拥而至造成环境的破坏。这些都因为环境保护和生态保护的宣传不够，游客的环保意识缺乏。

⑤受自然景观和季节性约束。中国的大多数地区适合不同种类树木的种植，但是受到初期建设的影响忽略了景观价值，只种植了单一品种，另外森林旅游受季节性影响严重，旅游高峰期多集中在7—10月，而冬季和春季游客较少，影响了森林旅游经济的发展。

⑥旅游产品开发的欠缺。旅游产品开发的欠缺表现在两个方面。一方面是旅游资源开发不深，我国旅游开发过程中重视自然景观开发而忽视人文资源的挖掘，很多景区只有自然风光，缺少文化内涵；另一方面是对森林旅游市场了解不够，特色不鲜明。旅游商品种类匮乏，在国外旅游商品收入所占比例属其他项目之首，大部分国家旅游商品收入占旅游总收入的60%以上，在我国仅占31.5%，究其原因，一是旅游产品品种少，创新性差；二是质量差，实用性差，缺少地方特色。

⑦缺乏总体规划与规范管理。森林旅游需要长期开发，那么就要制定出科学的规划方案。森林旅游规划是一项综合且系统的工程，需要旅游、林业、设计、美术、生态环保等协作完成。全国的森林风景资源调查和规划工作进展缓慢，由于区域经济发展水平和认识程度上的差异，我国各地森林旅游区建设发展不均衡，布局不甚合理，森林旅游资源的保护与开发，呈现南方好于北方、东部快于西部态势。我国西北地区虽然有着丰富

的森林旅游资源，但开发利用进展缓慢，潜在优势没有得到充分发挥，目前西藏、宁夏等地尚没有建立国家森林公园。而相当一部分省、自治区乃至县、市的国家森林公园建设又过度集中，以致造成景观雷同，特色不突出，重复建设，效益低下。

（3）机会。

①社会需求大。我国城市化节奏越来越快，城市人口密集，生活条件改善，但是城市的生活环境却遭到了严重破坏，如空气污染、水污染、食品污染、噪声污染、交通拥挤等，人们迫切要回归自然，呼吸新鲜空气，吃新鲜食品，感受自然美景来放松身心。这是人类的心理和生理诉求，是不可阻挡的，这也是森林旅游发展的"肥沃土壤"。

②"一带一路"倡议。"一带一路"是"丝绸之路经济带"与"21世纪海上丝绸之路"的简称，它依靠我国与周边国家的双边与多边贸易机制，借助既有的区域合作平台将发展与沿线国家的经济合作，共同打造政治互信、经济融合与文化包容的利益共同体，"一带一路"是旅游资源的富集区，汇集了80%的世界文化遗产，60多个国家，44亿人口，是最具活力和潜力的黄金旅游线路。这也将为我国森林旅游发展带来良好契机。

（4）威胁。

①森林旅游发展管理和体制落后。目前我国国家森林公园是按法定程序申报并批准设立的，但是形式不同，有的国家森林公园是法人实体，有的是地域单位。国家森林公园与风景名胜区为了快速发展，有的挂两块牌子，有的希望再加一个自然保护区的牌子。这样关系重叠、交叉，容易出现责任不清、互相推诿的问题。管理体制混乱，组织机构重叠导致森林与旅游部门之间职责不清、各自为政、难以协调，造成生态破坏、过度开发、环境污染等问题。管理机制不健全，使森林旅游资源部门在森林旅游管理中的职能无法明确，决策措施无法落实，导致地方和社会发展森林旅游的积极性无法调动。

②旅游过度开发和游客不文明旅游行为是潜在威胁。自然保护与森林旅游开发在保护自然的根本目标上是一致的，但如果二者协调不好，会出现景点过度开发、超量接待游客的现象，长此以往威胁着森林旅游的发展。

③森林旅游区外缘交通不够便捷。我国多数国家森林公园地处偏远，部分国家森林公园旅游区与交通干线之间的外缘交通条件衔接不好，路况差，游客进出不便，这样会潜在威胁着游客数量及游客的安全。

3.2.3 国家森林公园森林旅游发展理念

随着我国经济的高速发展，旅游市场即将对外全面开放，开放自由的经济市场对我国国家森林公园的建设及发展必将带来强烈的冲击。如何利用我国多样的生态环境资源和文化底蕴寻求新的发展机遇，值得我们深思。

3.2.3.1 走中国特色旅游之路

我国森林旅游起步较晚，要在激烈的旅游市场中占有一席之地就要发挥特色优势，打造独特的旅游品牌，因地制宜合理利用森林资源。作为以森林景观为主的旅游要遵守因地制宜原则，根据当地特有的生态环境、风俗民情，打造突出特色。基础设施的建设更不能脱离当地的特点，要保障自然环境和人文景观的统一协调。构成森林旅游景区的素材多种多样，适合森林活动的内容亦丰富多彩，在其中占主导地位能够反映当地特色的便是发展的重点，应该加以充分利用。只有分清主次才能相得益彰，不同的森林旅游要各有特点，不同游览区亦应各有侧重，才能"步移景异，别有洞天"。

3.2.3.2 保护生态环境

保护生态与科学可持续发展是我国国家森林公园未来发展目标。国家森林公园的生态效益要高于社会效益及经济效益。开展森林旅游后对当地的生态环境进行了开发，对原始的生态环境带来了一定的影响。森林旅游的发展思路必须坚持以保护生态环境为前提，按照生态旅游的各项要素进行建设。这就要求森林旅游不仅向游客提供良好的森林景观，还要使旅游活动生态化，对游客进行环境保护的教育，使投营者和周边社区得到生态旅游的经济效益。在具体的规划中，要注意控制森林公园中永久性旅游接待设施的建设规模及建设的数量，确保建立的设施与自然景观相互协调。加强游客容量的计算，控制游客的数量，确保森林植被和生态环境的完整。

3.2.3.3 传承中国传统文化

国外的森林旅游已经发展成熟，很多成功的案例提供了借鉴。但是在吸取经验的同时，要避免复制，不能丢掉自身的特色，否则会使国家森林公园的建设不伦不类。我国的森林旅游发展必须要保持自己的文化特色。中华五千年历史文化源远流长，历史遗存的文化特色鲜明，如荆楚文化、仰韶文化、西夏文化、吴越文化、岭南文化、齐鲁文化、巴蜀文化等，在特有的区域内只要善加利用就能创造出极具吸引力的旅游产品，增加旅游产品的文化内涵。森林旅游的开发应充分挖掘文化内涵，弘扬森林文化、民俗文化、历史文化等，使森林旅游的内容更为丰富多彩，让游客领略中华文化之美。森林旅游的开发不仅要重视有考证的历史资料，也要收集民间文化。民间文化源于生活，通过代代传颂流传下来，对游客具有很强的吸引力，是旅游资源开发的重要资源。

3.2.3.4 注重市场需求

开展森林旅游的前期研究离不开对市场的预测，游客的多少直接影响旅游建设的各项经济指标。对于市场的预测受多种因素的影响，预测结果也不可能百分之百的准确，但是对市场的预测可以提供旅游资源开发的可行性研究。森林旅游开发不能为了上项目争投资而忽略了市场的需求，森林旅游的开发要保障环境效益，但是也要保障经济效益。

3.2.3.5 向国际标准靠拢

我国根据国情围绕国家森林公园旅游，制定了一系列的法律法规和行业准则。森林旅游的发展要考虑对外开放，我国的森林旅游要做好与国际接轨的工作，向国际标准靠拢。所谓的国际标准就是各国必须共同遵守的准则、国际通用的惯例、规范旅游行业的各项行为准则。

3.2.3.6 坚持可持续发展道路

森林旅游的规划涉及很广，在发展规划中各地区都在努力研究可持续发展的方法，但是普遍的认知都是把可持续发展局限于生态环境的保护上，而在其他方面研究不够。在旅游可持续发展的方面需要对两个方面进行加强。一是周边社区的参与及收益。森林旅游区域的周边社区为旅游业的发展做出了各种贡献，有权利分享旅游业带来的利益。我国的国家森林公园很多都是在国有林场的基础上建立起来的，林场的员工在森林资源的培育和保护方面都付出了艰辛的劳动。但是当外来资本进行森林旅游资源管理时，损害了周边社区及当地居民的利益，这样与旅游资源可持续发展的理论不相符。作为旅游资源的开发机构，要根据当地的特点，引导周边社区及当地居民主动参与旅游资源的开发，如农家乐、民俗表演、生产民间工艺品等，让当地居民增加收益。二是做好软件方面的建设，所谓的软件指经营管理的体制、旅游管理的体制、保障游客的合法权益等方面的法律法规。法律法规的建立健全涉及法律、经济、技术、教育、行政等各个方面。这些看不见的软件直接关系旅游资源开发后经营的保障。我国在森林旅游持续发展的道路上要把软件建设纳入重点。

3.3 国家森林公园森林旅游发展面临的问题

3.3.1 森林旅游参与主体存在利益矛盾

国家森林公园发展牵涉多方利益主体，利益主体间存在不同诉求，如果这些诉求不能得到满足、利益关系不能得到协调，就会产生矛盾。

（1）政府体系内部的利益矛盾。

国家森林公园坐落在地方政府行政区域内，地方政府的利益目标是地方财政收入最大化与政绩最大化，然而中央政府是站在战略与全局的高度，其利益目标是实现整个国家森林公园乃至林业发展与社会发展相协调，生态发展与经济发展相协调，生态发展与人类生存发展相协调，在此基础上的国家森林公园对地方财政收入的贡献最大化。地方政府是站在各自立场考虑问题，因此有些决策会影响到其他地方政府利益或影响整体利益最大化。

（2）国家森林公园职工与投营者之间的利益矛盾。

国家森林公园的投营者希望从经营管理中获得收益最大化，而国家森林公园员工则希望获得更多的工资收益、福利待遇与较好的工作环境。利益如何分配一直都是投营者要面临的问题。国家森林公园的投营者认为，低人工成本运作是正常的经济运营手段，低工资待遇与低福利是普遍现象；此外，国家森林公园员工流动性较大，岗位不稳定，不是"铁饭碗"，员工的工作压力较大，在员工诸多诉求不能得到满足的情况下势必出现矛盾与利益冲突。

（3）国家森林公园与周边社区的利益矛盾。

国家森林公园与周边社区有着错综复杂的关系，大致分为和谐发展相互促进型、不利于社区发展型、不利于国家森林公园发展型与相互冲突相互抑制型。第一种类型是理想型关系，国家森林公园发展与社区相结合，为社区建立良好生活环境、便利的交通，为社区人民提供就业机会、学习及就医条件，这种形式下不会产生利益矛盾。而后面三种类型都会因利益冲突产生矛盾。具体表现为：

①一些国家森林公园封闭式发展将社区抛弃在外,在建设的过程中会因占用了森林资源而使社区人民原有的经济来源受到阻断。俗话说"靠山吃山,靠海吃海",国家森林公园社区人民的生活最初都是依靠伐木、野生植物采摘、狩猎来换取收益,国家森林公园的建立与法制的健全限制了森林砍伐等活动,早期靠打猎与伐木为生的社区人民经济来源受到阻碍,再加上国家森林公园封闭发展不能利益均沾,就会导致矛盾。

②社区居民如长期不能受益于国家森林公园的发展就会产生负面情绪,出现对待游客不满、消极抵抗,或破坏旅游设施、阻断交通、殴打辱骂游客等行为,这样有损国家森林公园的形象,影响长期发展。

③国家森林公园建设给社区环境带来负面影响,如噪声污染、空气污染、水污染等;当地物价上涨,交通拥堵、治安下降、历史古迹、文化传统的破坏以及人工建筑的趋同导致失去地方区域特色等都给社区居民带来巨大负担与压力。社区居民不能参与到国家森林公园建设中必将会产生矛盾,为构建和谐的社会环境,双方需要寻求"共赢"的道路。

④游客与国家森林公园的利益矛盾。游客是国家森林公园旅游产品的消费主体,需要在消费过程中获得性价比高的产品与服务,随着经济发展,游客对旅游产品与服务的要求逐渐提升,国家森林公园在此过程中需要不断开发产品、创新服务,这需要资本、人力与时间,如果某个环节与需求不匹配都会造成矛盾与冲突。游客是国家森林公园的重要利益相关者,也是国家森林公园发展的依存者,因此协调好彼此关系是国家森林公园旅游发展的重要问题。

⑤国家森林公园与专家学者的利益矛盾。国家森林公园的开发建设虽然是以保护生态环境为目的的开发与利用,但毕竟人为建设与破坏的因素不可避免。国家森林公园运营中以一些动植物作为获取利益的对象,对食物链的破坏和生态系统的破坏形成了不可逆转的局面,这也是为什么会有越来越多的专家学者关注与参与到国家森林公园的建设中。专家学者的理念比较理想状态,而实际开发过程中的破坏始终会存在。

3.3.2 管理机制落后

目前，我国多数国家森林公园仍然采用事业管理体制，没有完全采取经营权、管理权与所有权相分离。各级政府与林业主管部门对国家森林公园实施较严密的控制与管理，国家森林公园经营则缺乏灵活性，现有的政府干预很难使国家森林公园做出快速正确反应；此外内部管理混乱，我国的国家森林公园多数是由国有林产发展过来，内部工作人员多数文化层次与思想观念都比较落后，难以适应现今森林旅游业的快速发展；再有，国家森林公园管理中缺少专业性、高素质人才，现有国家森林公园的管理者多数是国有林场的管理人员，由于受到事业编制限制，很难有高素质人才大量补充进来，这也限制了国家森林公园管理机制的完善；此外，现有的国家森林公园发展相匹配的法律法规还未成体系。

3.3.3 生态破坏严重

目前，我国开展的国家森林公园生态旅游正面临着严重的环境污染问题。据生态环境部对国家森林公园旅游深入调查发现，我国65%的国家森林公园存在垃圾公害，15%出现了水污染，9%有空气污染。调查发现主要的污染源是公园的经营管理机构和游客。随着市场经济的不断完善，我国的森林旅游业开发的主体已经呈现多样化的趋势，民间资本的投入使旅游开发更加多元化，由于进入的门槛降低，导致许多缺乏生态保护意识的经营管理机构进入生态旅游业，经营管理机构在开发旅游资源的过程中，为了吸引更多的游客，修建了大量的旅游设施，对环境造成了严重的污染，而在经营的过程中缺乏对生态环境的保护，加剧了生态环境的破坏。例如，在张家界国家森林公园的开发中由于规划不合理，造成上游旅游设施的污水直接排放到著名的景点金鞭溪中，造成了严重的生态破坏。经营者在开发建设中，大量的土石方需要挖掘、搬移，建筑旅游配套设施等，都对环境造成了破坏。在经营过程中排放的"三废"不经过任何处理直接进入景区，而生态系统的自洁能力又不能在短期内将"三废"消化，最终形成了环境污染。游客对环境的污染主要发生在旅游过程中和在某一地区停留的过程中，如对植物的践踏、花果的随意采摘、捕猎野生动物等。各种环境污染已经成为生态旅游发展的障碍。我国拥有丰富的生态资源，但是长期以来开发者及游客对生态环境的污染破坏，使得森林资源在不断恶化，已经呈现退化的趋势。例如，对森林资源过度开发导致天然林正在逐年减少，游客的随意捕杀导致生物多样性锐减，保护不力导致水土流失，国家森林公园向城市化发展，越来越多的配套设施建设标志着生态旅游资源的退化。

3.3.4 国家公园体制不健全

近三年来，国家林业和草原局全面落实中央要求，推进国家公园试点工作，在管理体制、机制等方面取得了积极的进展，但尚有未完善之处。如中央与地方的事权如何划分，试点范围如何扩大，以及国家公园立法体系如何建立与完善。

3.4 国家森林公园森林旅游发展问题的成因分析

导致生态旅游发展中出现这些问题的原因是多方面的，既有历史遗留问题，也有发展中新出现的问题，概括起来包括以下五个方面。

3.4.1 思想观念

我国的国家森林公园发展较晚，因此一些决策者和游客在一些问题上认识不足，很多观念较为陈旧，环境保护意识不强。我国过去主要的支柱产业是工业和农业。工业的发展免不了要消耗大量的能源，在生产过程中对环境造成污染，相比而言，国家森林公园的开发不会像工业一样产生环境污染。在这种观念的指导下，全国各地都在大力开发国家森林公园，置生态环境于不顾，甚至不顾生态环境条件承受的可能与否，盲目建设旅游项目，导致国家森林公园在治理污染方面出现问题。开发经营过程中对环境污染的生产缺乏准备，总体上对污染缺乏治理的有效途径。实际上，对国家森林公园的开发进行考察并进行分析就可以发现，作为一种产业，只要游客来到国家森林公园，就免不了有"吃、喝、拉、撒"等生理需求，也就必须要有各项配套设施，同时也会产生垃圾。如果不加以科学地处理就会造成环境污染，环境的污染会形成生态灾难。

（1）国家森林公园发展思想误区。传统的发展思想把森林旅游业列入劳动密集型产业，认为发展国家森林公园投入少，见效快，利润高，是一项低成本、高收益的行业。在这样的观念指导下，国家森林公园在全国各地纷纷上马，有些地方提出以国家森林公园为地区经济发展支柱。这样势必将经济效益列为发展国家森林公园的唯一目标，忽视了环境效益，生态旅游的可持续发展得不到保障。形成这种观念的原因有很多方面，其中重要原因是我国在进行旅游成本核算的时候，没有对相应的旅游环境资源消耗成本进行核算，从而误解了旅游成本的构成，虚构了旅游创造的价值。实际上很多地方由于开展了旅游业而造成了生态环境的破坏产生的经济损失难以计算。这些经济损失主要包括直接的经济损失和间接经济损失。只有把旅游环境资源消耗成本纳入旅游成本中，这样的旅游产出才能真正客观地反映旅游环境消耗。

（2）对生态旅游的理解偏差。人们普遍认为，在国家森林公园旅游不需要直接消耗森林资源，主要是观赏动植物，动植物的生存环境稳定，并且可以生殖繁衍，就算有一定的破坏也可以再生，森林旅游资源是取之不竭用之不尽的。在这种思想的指导下，国家森林公园的旅游资源被无限制地开发利用，忽略了环境保护，许多国家森林公园人满为患，超过了环境的实际承载力。

3.4.2 机制本身

目前，在国家森林公园旅游资源的管理开发中存在许多体制和机制的缺陷，主要包括运作机制、管理体制及经济体制相互影响导致的各种弊端。一方面是经济体制不合理。首先表现在区域资源所有权的模糊，直接导致环境保护不力，在开发运用方面积极主动，在环境保护方面将极不作为，导致森林旅游资源的浪费；其次表现为经营者受到利益的驱动，对生态环境污染置之不理。另一方面是国家森林公园的收入分配不合理。目前我国国家森林公园的一级收入是公园门票收入和投资者各项配套设施及其他商业收入，周边社区的居民只能靠在公园打工获得少量收益。国家森林公园的二级收入主要是地方政府财政收入，国家森林公园缺乏启动资金是国家森林公园的普遍问题，缺乏足够的经费对生态环境进行保护。此外，没有形成有效的环境补偿机制。我国的国家森林公园没有建立完善的环境监控和环境评价制度，经营者对环境保护问题的认识局限于表面，森林旅游业对周边社区发展的带动作用有限。由于管理体制的制约，国家森林公园与周边社区在利益分配方面存在矛盾，有的国家森林公园排斥周边社区的利益，导致周边社区对国家森林公园旅游业持不合作态度。国家森林公园的生态旅游发展依赖于合理的开发和旅游业的科学化管理，要求将生态环境保护和旅游市场运作有机结合。我国的国家森林公园发展还处于探索阶段，管理体制和法律法规都不完善，无法处理环境保护与开发利用的矛盾。国家森林公园的森林资源是属于国家的，但是实际开发权与利用权都在当地政府，在地方政府的管理中，环境保护部门、旅游开发部门、资源保护部门彼此之间缺少协调机制，影响了生态环境的有效管理，公园区域规划与公园旅游规划脱节。虽然我国已经出台了一系列环境相关保护法，但是地方政府为了经济效益往往是有法不依缺乏约束，以致最终造成资源破坏等一系列的管理问题。

3.4.3 宣传教育

宣传教育不足体现在两个方面：一是旅游业的从业人员保护生态环境意识欠缺；二是对游客进行环境保护意识的宣传教育欠缺。旅游从业人员是开展国家森林公园生态旅游的主体，从业人员素质的高低决定旅游开发、管理、保护、经营等方面水平的高低。经调查发现，只有不到25%的国家森林公园配有经过专业训练的服务导游，生态环境保护意识缺乏。

3.4.4 科技手段

科技的发展对国家森林公园的健康发展起到重要的作用，对于科学技术的应用要贯穿整个旅游过程。然而，我国的国家森林公园环境测定手段还不完善，环境监控技术发展滞后，国家森林公园的环境影响评估体系也需要完善。调查发现，我国的国家森林公园仅有22%定期进行环境监控，有的国家森林公园没有配备测量仪器。

3.4.5 相关法制

国家森林公园的规划开发和经营管理都离不开法律制度，目前我国也制定了一些与森林旅游环境保护相关的法律法规，如《中华人民共和国森林法》《中华人民共和国野生动物保护法》《中华人民共和国环境保护法》《中华人民共和国文物保护法》等，但是具体到森林资源开发利用和经营却缺乏相关法律法规的约束，尤其是环境保护方面的法律法规出台较为滞后。现有的法律法规只是适用于普通的旅游区，缺乏针对开展生态旅游的国家森林公园的法律法规，导致国家森林公园在开发及经营中存在没有可以适用的法律依据的情况。

本章小结

本章剖析了我国国家森林公园发展现状，总结了我国发展国家森林公园所具备的生态优势与先天条件，分析了现行发展战略，发现我国国家森林公园发展存在的问题，包括参与主体间的利益矛盾、管理机制问题、生态破坏等问题，并分析了产生问题的根本原因，为后续章节的研究做好铺垫。

4 国家森林公园森林旅游发展参与主体博弈理论框架

构建国家森林公园森林旅游发展参与主体的博弈模型需要对国家森林公园的参与主体进行界定，明确各利益主体的诉求。本章将从利益相关者主体筛选入手，找到国家森林公园森林旅游的重要参与者，并分析各参与者特点，从而总结各方利益诉求，为后续参与主体利益博弈模型搭建理论框架。

4.1 国家森林公园参与主体的界定与利益相关者

斯塔里克（1994）对利益相关者给出解释，即在企业中投入实物、人力资本及财务资本或一些有价值的东西，并由此而承担某些形式风险的人或组织。国家森林公园旅游发展的参与主体是与国家森林公园发展息息相关的个人或组织，本书主要指的是参与国家森林公园建设、运营、管理、利益分配的相关人员。

本书在对大量文献整理的基础上，从资源供给主体、监管主体、直接经济利益主体三个维度，初步罗列出三类利益相关者：第一类为人、财、物等资源的提供者；第二类为其行为直接或间接影响国家森林公园管理的实体；第三类为受国家森林公园经营活动所影响的群体或个人，具体的国家森林公园利益相关者名称见表4-1。

表4-1 国家森林公园利益相关者名称

资源供给者维度	监管主体维度	直接经济利益主体维度
中央政府	国家林业和草原局及地方相关部门	公园周边社区居民
地方政府	文化和旅游部及地方相关部门	公园员工（管理者与普通员工）

续表

资源供给者维度	监管主体维度	直接经济利益主体维度
投资商	国家税务局及地方税务局	相邻景区投资者
供应商	国家市场监督管理总局及地方相关部门	旅行社
交通运输公司等旅游企业	新闻媒体	游客
—	社会大众	—
—	非政府组织	—
—	专家学者	—
—	志愿者	—
—	国家森林公园行业协会	—

4.2 国家森林公园利益相关者筛选

4.2.1 专家选取与第一轮问卷发放

本书采用德尔菲法对选定的专家通过发放问卷的形式进行咨询，问卷中列出了可供选择的相关者，对30名专家进行了问卷发放（表4-2）。问卷收回30份，回收率100%，有效问卷25份，有效率83%。

表4-2 咨询专家构成

序号	专家类型	人数/人	专家所在地
1	国家森林公园经营者	5	黑龙江、辽宁、内蒙古、北京、吉林
2	研究院	3	上海、福建、北京
3	高校专家	10	黑龙江、江西、山东、河南、四川、山西等地
4	国家森林公园主管部门	2	黑龙江、北京
5	旅游规划设计部门	6	北京、上海、辽宁
6	政府部门专家	4	北京、黑龙江、吉林

问卷回收后对结果进行整理发现专家给出了许多中肯意见：①多数专家认为利益相关者数量不宜过多，太多不易分析相关者利益关系；②有些专

家认为利益相关者不宜过于细化，同一类型相关者不宜过多，如中央政府、地方政府、林业主管部门，都可归为政府及相关部门选择重要相关者。

4.2.2 问卷调整与第二轮问卷发放

第二轮问卷参考专家意见进行了合并与删减调整，重新发放给上述30位专家，并附修改原因说明，通过电话、微信、邮件形式快速发放并得到反馈，收到反馈28份，专家建议入选率达到60%以上的利益相关者可以作为最终的研究对象，如表4-3所示。

表4-3 利益相关者筛选结果

利益相关者	入选个数/个	入选率/%
政府	28	100.00
国家森林公园投营者	25	89.29
公园员工	28	100.00
游客	27	96.43
周边社区与居民	23	82.14
专家学者	18	64.29

通过上述专家选择，最终筛选出与国家森林公园森林旅游发展相关的利益主体，主要包括政府部门、国家森林公园投营者、公园员工、游客、周边社区与居民及专家学者。

4.3 参与主体的利益诉求、权利与责任界定

4.3.1 利益诉求

4.3.1.1 政府的利益诉求

政府作为国家森林公园建设的重要推动者，包含中央及地方各级政府，他们的利益目标是多元化的。①通过国家森林公园建设达到生态保护

的目的,实现人类的可持续生存与发展的重大目标。②通过森林旅游发展达到调整产业结构的目的并可以依法分享森林公园的经营与收益。我国很多经济发展相对落后但旅游资源丰富的地域,都是通过开发旅游资源达到拉动地方经济的目的。③通过打造著名旅游胜地提高地方知名度,为本地对外交流提供较好平台,旅游胜地成为对外交流的"名片"。④国家森林公园森林旅游的收益给政府带来更多税收,政府利用税收造福当地百姓,提高人民生活水平与生存环境。归根结底,政府通过国家森林公园的建设寻求森林旅游发展与社会发展相协调、生态发展与经济发展相协调,在此基础上达到财政收入贡献最大化的目标。

4.3.1.2　投资商与经营者的利益诉求

国家森林公园的投资商与经营者是"委托代理关系",经营者是投资商目标利益最大化的执行者,二者的关系紧密,因此本书从经营者的角度进行利益诉求分析。

问卷调查了5个不同地区的国家森林公园的管理者与员工,发放了200份调查问卷,共收回198份,回收率99%;有效问卷192份,有效率96.97%。通过调查问卷发现投营者主要的利益诉求是通过创造良好的投资环境及良好的公园形象达到国家森林公园长期可持续发展,从而实现利润最大化的目标。其中,80%的管理者想获得上级信任、高额薪资、提升自己的社会地位和人力资本,以及更高的职位空间、稳定的工作,20%的经营管理者是为员工谋取最大福利,以及承担相应的社会责任。

4.3.1.3　公园员工的利益诉求

员工是国家森林公园管理的重要参与者与管理的实施者,员工的利益诉求主要体现为工作稳定、收入保障、较好的工作环境、轻松的人际关系、领导的赏识与提拔。员工的要求基本属于在满足基本物质条件基础上的简单的精神追求,但多数员工更多关注的是物质与生活的基本保障,少数年轻的员工会对领导赏识与晋升比较看重。

本次问卷调查发放了 200 份调查问卷，给五个不同地区的国家森林公园管理者与员工，共收回 198 份，回收率 99%；有效问卷 192 份，有效率 96.97%（问卷具体内容详见附录 2）。有效问卷中，员工的年龄 20 岁及以下 11 人，21~30 岁 46 人，31~40 岁 42 人，41~50 岁 67 人，50 岁及以上 26 人。在给出的员工诉求中包含如下内容：①更高的工资；②稳定的工作；③更好的福利待遇；④良好的工作条件；⑤积累工作经验；⑥有升职空间；⑦融洽的工作气氛和人际关系；⑧公园内下一代的工作机会；⑨公园的可持续发展；⑩上级信任；⑪自我价值体现。

问卷结果显示，不同性别与不同年龄段的员工对如上诉求的重要程度体现出不同结果，详见表 4-4，但是更高的工资、更好的福利与工作稳定性是所有员工保障生活的基本诉求，为了达到诉求目的，通常会选择与领导积极沟通，并参与管理的积极方式来得到满足，有极少数员工在合理诉求实在不能得到满足时会选择依靠媒体与法律手段。

表 4-4 员工利益诉求比较分析表

利益诉求排序		1	2	3	4	5	6	7	8	9	10	11
年龄	20 岁及以下	更高工资	更好福利	经验积累	升职空间	上级信任	价值体现	工作条件	融洽气氛	工作稳定	持续发展	后代工作
	21~30 岁	更高工资	更好福利	升职空间	上级信任	工作条件	工作稳定	融洽气氛	价值体现	持续发展	经验积累	后代工作
	31~40 岁	更高工资	更好福利	上级信任	升职空间	工作稳定	融洽气氛	工作条件	价值体现	持续发展	经验积累	后代工作
	41~50 岁	更高工资	更好福利	工作稳定	融洽气氛	工作条件	上级信任	升职空间	持续发展	后代工作	价值体现	经验积累
	50 岁及以上	工作稳定	融洽气氛	工作条件	更好福利	更高工资	后代工作	持续发展	上级信任	升职空间	价值体现	经验积累
性别	男性	更高工资	更好福利	升职空间	工作条件	上级信任	融洽气氛	工作稳定	价值体现	后代工作	持续发展	经验积累
	女性	更高工资	更好福利	工作条件	工作稳定	融洽气氛	上级信任	升职空间	后代工作	持续发展	价值体现	经验积累

4.3.1.4 游客的利益诉求

游客是森林旅游消费者,因此他们期待良好的服务与环境,对景区的地理位置交通是否便利、景区的整体环境与卫生、景观的美感、游憩活动的体感及对自然与人类的关系探究要求越来越高。游客在旅游过程中既要达到身心放松的目的,也要达到"学习"与"体验"的目的。

问卷调查了 500 名游客,男性与女性游客各占 50%,历经 3 个月的调查与收取,问卷回收率与有效率分别为 98%。通过对文献及相关研究的整理发现,游客的主要利益诉求体现为:①对景区景点优美度的要求;②舒适的高质量服务;③景区地点便利;④景区安全等。由于以上结论对国家森林公园森林旅游的经营管理指导性不强,因此采取影响游客到景区游览的主要因素,这项指标来反映游客的利益诉求。在诸多影响到某旅游景区游览的因素中,游客做出如下排序,详见表 4-5。

表 4-5 影响游客到景区游览的主要因素

排序	影响游客到旅游景区游览的主要因素
1	景区环境是否优美
2	景区交通是否便利
3	景区安全措施是否到位
4	景区门票价格高低
5	景区管理是否到位
6	服务人员态度
7	景区是否供住宿及条件好坏
8	景区餐饮是否经济实惠
9	景区导游或解说服务
10	旅游商品价格及质量
11	游乐项目多少

通过上述结论可以看出,游客最关注的前三位因素是景区是否优美、

交通是否便利以及旅游安全问题,而对于旅游商品与游乐项目等附加服务并不看重。旅游是一种自身的体验,游客通过旅游达到锻炼身体、放松心情的基本目的,现今也有更多的游客将旅游上升到科学探索、挑战自身极限,这些是随着社会进步给游客带来的新的旅游利益诉求。

4.3.1.5 周边社区的利益诉求

为了了解国家森林公园社区居民的真实诉求,笔者走访了千岛湖国家森林公园、汤旺河国家公园等,对黑龙江省内的三个国家森林公园的社区居民进行了问卷发放与深度访谈。问卷通过五点量表的方式从18个影响社区发展的指标入手,对社区居民进行了研究,通过这些指标反映出居民对国家公园建设的态度与心理,间接反映出社区居民的利益诉求,具体指标见表4-6。

表 4-6 社区居民对国家森林公园与社会影响的态度评分表

序号	指标	强烈反对	不同意	一般	同意	非常赞同
1	建设国家森林公园很重要	1	2	3	4	5
2	国家森林公园对社区发展有利	1	2	3	4	5
3	森林旅游提高了社区收益水平	1	2	3	4	5
4	森林旅游改善了社区基础建设(路、桥)	1	2	3	4	5
5	旅游发展为社区提供更多就业岗位	1	2	3	4	5
6	旅游发展对我的家庭有利	1	2	3	4	5
7	我愿意参与到旅游经营中	1	2	3	4	5
8	国家森林公园开发限制人们对资源的利用	1	2	3	4	5
9	地方政府应该大力扶持国家森林公园开发	1	2	3	4	5
10	旅游业收入分配比较公平	1	2	3	4	5
11	本社区应该成为旅游接待点	1	2	3	4	5

续表

序号	指标	强烈反对	不同意	一般	同意	非常赞同
12	社区发展与国家森林公园发展紧密相连	1	2	3	4	5
13	旅游发展破坏了社区环境	1	2	3	4	5
14	旅游发展带来了噪声污染	1	2	3	4	5
15	旅游发展使社区治安恶化	1	2	3	4	5
16	旅游发展改变了传统文化	1	2	3	4	5
17	旅游发展使社区居民的素质提升	1	2	3	4	5
18	旅游发展的收入没有自然保护重要	1	2	3	4	5

4.3.1.6 专家学者的利益诉求

国家森林公园作为国家公园体系的一部分，其概念与内涵已经突破了原有的"公园"的概念，功能也从原始的依托森林自然生态环境建设而成的游憩活动的场所，延伸到度假、游览、避暑、观赏、疗养、健身、休闲、运动、教育、考察等方面。专家学者，在国家森林公园森林旅游发展中具有两重含义，第一重含义指的不是具体某些人，而是代表理性的生态学本位的宏观利益相关者。近年来，生态环境的急剧恶化，专家学者成为监督生态保护的重要群体。第二重含义是指投入到环境与生态保护中的科研工作者。国家公园成为学者主要考察与研究的基地，对原始生态的保护是专家学者用来了解自然与保护自然的重要手段，通过大自然的规律与"密码"来解决生态恶化的问题；历史遗迹是考古学者用来研究历史及人类社会发展的重要依据，因此也是全球建设国家公园的目的之一。

因此，专家学者的利益诉求，一是对原始生态的保存与研究，达到国家森林公园可持续发展目标；二是从科学研究中获得重大人类发现，一方面解读人类与自然的关系、解决人类与自然的矛盾，另一方面成就学者的学术地位。

4.3.2 参与主体的权利界定

国家森林公园属于我国林业的重要组成部分，而传统的"林地产权"（简称"林权"），具体包括所有权、使用权、收益权与处置权四部分。学者对林权的定义与理解从不同角度有所不同，但本质上是有共识的。林权是指林地的财产权利，包括林地所有权和使用权，同时包含在林地之上进行的森林开发经营获利的权利。在我国林地为国家或集体所有，但因为所有权与经营权相分离，导致其权利主体模糊，权属复杂多变，由于林地位置变化大、地域广阔与森林资源分布不均等特征，使林权不容易界定。本书涉及的权利包含所有权、使用权、收益权与处置权这"四权"。从自然资源隶属国家与人民的角度来划分，笔者认为在参与主体中政府是林权的所有者，拥有所有权与处置权，对林地上的开发收益具有获利权；而投营者是林地的使用者，拥有经营权，对林地的开发与建设投入了成本，因此也具有收益分配权。

4.3.3 参与主体的责任界定

（1）政府责任。国家森林公园的建设和发展是在政府出台的政策与战略导向上进行，政府需要建立科学的判断和系统的思想与原则，因此，政府的主要责任是明确方针与战略思想。党的十七大报告首次提出生态文明建设，形成节约能源资源和保护生态环境的产业结构、增长方式、消费模式是主要目标。在党的十八大中，"美丽中国"的生态文明建设目标，第一次被写进了政治报告。经过五年的伟大实践后，我国生态文明建设在理论与实践上均有了重大创新，习近平总书记在党的十九大中提出了解决生态文明问题的总体指导思想与具体措施。构建生态与人类发展的和谐社会，政府是主导者，是建设的领导者，是公平、公正的代表者，承载着不可替代的主导性功能。政府在国家森林公园建设中的主导地位不可替代，在设定了权利的同时也要承担相应的责任，权责分明对国家森林公园发展起着至关重要的作用。

（2）投营者的责任。投资商与经营者是国家森林公园的建设与管理者，在开发建设与经营过程中有责任保护生态环境不受破坏，环境不受污染，对破坏环境者要进行制止，有责任维护国家森林公园的安全、防火以及经营秩序。

（3）游客的责任。游客作为国家森林公园森林旅游的消费者，有责任维护国家森林公园的环境、爱护国家森林公园的设施，对生态环境有保护与爱护的责任及配合国家森林公园管理的责任。例如，不能随意采摘、砍伐国家森林公园的树木花草，不能随意喂食野生动物，不能在国家森林公园内吸烟等。

（4）员工责任。员工首先作为一国公民有遵守社会文明的基本责任，在生态文明建设中，无论是政府或是普通公民都有义务和责任，配合国家森林公园的建设与管理，国家森林公园的员工对重大战略事项没有决策权，但是对本职工作有尽职完成的责任，有忠诚于工作的义务，并且对工作应具有兢兢业业、认真负责的敬业精神。

（5）周边社区责任。国家森林公园的周边社区居民，作为公民有义务配合党和政府的战略方针，有义务配合国家森林公园的建设，包括选址与开发。社区居民有责任维护与维持社区的秩序与国家森林公园的秩序，有责任遵守国家森林公园的规章制度，不乱砍滥伐树木，不擅自采摘国家森林公园的植物果实等。

（6）专家学者责任。专家学者在国家森林公园的建设中，起着科学建设的指导作用，有责任保护生态环境在建设中不被破坏，在后续的科学研究中有责任保证研究的真实性与科学性，为人类与自然生态的和谐发展提出重要的科学见解。

4.4　权利资源流动关系

（1）中央政府与地方政府。国家森林公园建设与维护需要大量的人力、财力与物力，中央政府作为国家森林公园建设的主导部门，将三大资本向地方政府倾斜支出，收益则是通过税收形式，即中央地方共享税，在中央与地方间按比例分配，达到资源的流动目的。

（2）政府与国家森林公园。政府为国家森林公园的建设提供政策依据、人才保障、土地资源与森林资源的投入，为国家森林公园建设奠定良好的基础。同时也提供相应的人才支持，使人才资源达到流动目的。

（3）投资商与国家森林公园。投资商是国家森林公园建设的资金来源，也是国家森林公园的规划与建设主力，资金是一切经营运作的关键，充足的资金保障才能使国家森林公园得到长久发展。

（4）国家森林公园与公园员工。国家森林公园是员工工作的场所，为员工的生活提供物质保障，同时也为员工提供了学习与晋升的空间，为员工职业生涯提供"土壤"与基础。

（5）国家森林公园与周边社区。国家森林公园的开发影响着周围社区居民的生活质量，一方面通过国家公园建设改善周边社区的居住环境，为社区居民提供工作岗位，为社区居民带来一定的直接与间接的经济收入。另一方面，社区也为国家森林公园建设提供劳动力，成为劳动力资源的保障。

4.5　资金的流动关系

（1）建设资金投入。国家森林公园建设与经营发展需要大量的资金投入，主要资金来源于开发商的投入与地方政府的政策扶持。国家森林公园建设需要长期的建设周期，投入金额巨大需分期进行，资金流也会分期流入，经营后的营业现金流，也会以留存收益的形式再流回国家森林公园，用于发展与再建设，形成闭合式的现金流体系。仅 2019 年，我国国家森林公园获得国家投资 102.81 亿元，自筹资金 182.89 亿元，招商引资 137.54 亿元，其中国家森林公园环境建设投入 52.43 亿元。

（2）资金回收。国家森林公园的经营收益主要体现为森林旅游收入，由国家森林公园收取，再以税收的形式上缴给政府部门。资金回收主要包括门票收入、经营场地出租收入、自费娱乐项目收入、资产残值回收收入。2016 年国家森林公园旅游收入达到 570.61 亿元，数量金额巨大，产生巨大的资金流。

4.6 知识资源流动关系

（1）科研成果转化。国家森林公园除了供游客观赏游憩外，另一大功能是生态保护功能，为人类了解自然开展科学研究提供场所和依据。国家森林公园的建设为专家学者更深入地了解生态环境，以及治理生态环境提供了天然资源。专家学者将研究成果转化为学术文章，这些重要理论或形成科学的管理方法运用于实践中，达到了知识的流通与传播。

（2）知识创新。对国家森林公园的研究，在科研的过程中会产生新的理论与方法，能推动生态学发展与人类学发展，为旅游经济的发展奠定了良好基础。另外对国家森林公园的多角度研究，可以有更多的创新点和学科的融合，有助于达到知识创新的目的。

本章小结

本章对国家森林公园的参与主体进行了界定与科学筛选，分析了参与主体的利益诉求，明晰了参与主体的权利与责任，剖析了权利资源流动关系、资金资源流动关系和知识资源流动关系，为国家森林公园森林旅游发展博弈模型的构建奠定了坚实的理论基础（图 4-1）。

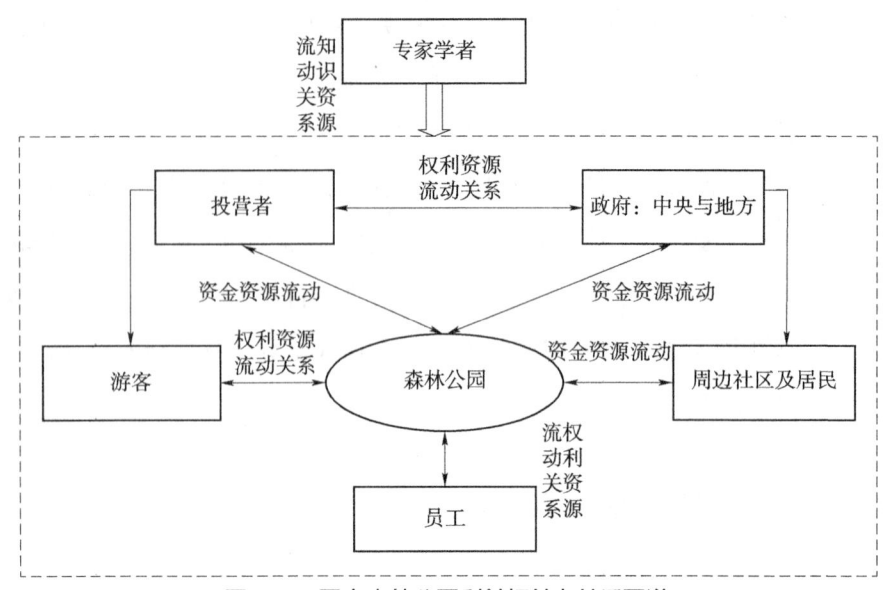

图 4-1　国家森林公园利益相关者关系图谱

5 国家森林公园森林旅游发展利益博弈模型的构建及分析

国家森林公园森林旅游要想得到长足发展，必须平衡各方利益主体的关系。由于各参与主体的利益诉求不同，彼此间就会存在矛盾与问题，这会成为约束国家森林公园旅游发展的重要问题。要想解决这一问题，需要使各方主体利益诉求得到满足，同时需要多方主体间的利益得到均衡，这是各方利益得到满足下的最优选择。本章将在经济学假设与条件下，构建国家森林公园森林旅游发展参与者的利益博弈模型和责任博弈模型。

5.1 利益博弈的经济学假设

一切理论研究都需要建立在一定前提假设上，都是有条件的和相对的。经济学对参与人的假设包括完全理性假设与有限理性假设两种理论。完全理性假设观点认为，行为人对信息全部知晓，可以完全实现利益最大化，如果选择没有实现利益最大化，则认为行为人的策略是不理性的。这个观点与现实情况相去甚远，没有哪个行为人是无所不知、无所不能的，参与人的理性是有限的，其在博弈中行为是会受到其他参与者的影响而不断模仿与改进的。因此，本书研究假设倾向于参与者的有限理性假设。

有限理性假设中进化博弈论指出：博弈的参与者通常有多种策略选择，最初是不一定可以选择出最优策略，但是经过几轮尝试或者通过试错方式最终可以最优解，之后会有更多参与人发现选择某策略比放弃该策略的收益大。在这种重复博弈的过程中，每次试错都会给参与者带来经验总结与思考，在后续博弈决策中会得出比上一次博弈更优的决策，即便不能得到纳什均衡，但是这种重复循环的过程最终导致群体理性，从而进化成为稳定策略。此外，在博弈过程中参与人的行动有先后顺序，且后行动的参与人可以看到前者的选择，并据此做出相应选择，参与者不是同时决策。

5.2 利益博弈的模型构建及分析

5.2.1 博弈要素的界定

国家森林公园的建设与发展利益是核心驱动力，国家森林公园建设的最终目标之一，是要实现各方群体利益最大化的均衡关系。实际博弈过程中，利益主体的投入直接影响利益大小，由于制度约束及投入产出效率的风险等因素存在，使这种影响关系不能保证投入与产出正相关，那么纳什均衡不一定存在。然而局中人会在一定概率下做出自己的选择，这也被称为混合策略纳什均衡，即面对其他博弈者选择的不确定性，局中人做出自己的一个理性的策略选择，其中使混合策略中其他局中人的每一个策略有相同的期望值，这样对方就会放弃改变策略的意愿而达成均衡状态，要素中包含局中人、博弈信息、策略集、博弈方的收益函数、博弈关系。

（1）局中人，包括政府（Government，G）、投资商与经营者（Operators，O）、国家森林公园员工（Staffs，S）、游客（Traveler，T）、周边社区（Community，C）、专家学者（Experts，E）。

（2）博弈信息，即局中人对选择策略有益的情报，在博弈过程中计量获得对方的相关行动信息。本书假设博弈各方信息已知，因为国家森林公园建设的政策与要求是公开的信息，参与主体在利益分配前的信息都是可获得的。

（3）策略集。从利益角度出发，获利多少与投入多少直接相关，因此策略集是各局中人政府、投资商与经营者和国家森林公园员工是否投入。

这里的政府投入指对国家森林公园的政策倾斜、土地资源投入、天保工程投入等需要的成本，产出结果是获得的经济和生态效益，由于诸多影响因素存在，也可能不会获得更多收益；森林员工投入是指员工投入的劳动力成本；投资商与经营者的投入是指资金、资产和劳动力的投入。

（4）博弈关系，指政府—投营者、投营者—国家森林公园员工、投营者—周边社区、投营者—游客、投营者—专家学者。

5.2.2 政府与投营者利益博弈

5.2.2.1 政府与投营者矛盾关系分析

政府的利益诉求为多面性，包括经济、文化、社会、生态等多方面的协同发展，建设国家森林公园的主要目的是在保护生态环境的前提下带动周边社区及地方经济的发展，而国家森林公园的投资商与投营者追求的主要目标是"经济效益最大化"，因此在国家森林公园开发建设中有可能牺牲生态环境来满足自身的经济追求。此外，政府期望通过森林公园的旅游开发获取更多税收，而投资商与经营者从自身利益最大化角度可能采取一些手段避税和逃税。另外，个别人员的受贿行为与不作为也是政府部门近些年来遇到的问题，投资商与经营者在开发国家森林公园过程中如果不想保护环境，会向个别政府官员行贿，或者个别政府官员采取"不作为"策略，对破坏环境的行为不监管也不处罚。此外，政府希望通过旅游发展带动区域经济，但投资商更倾向于垄断和控制地方旅游业以达到收益最大化，这样可能会做出有损地区和社区利益的行为，最终获益多少主要取决于各方参与者投入多少。以上问题与政府建设国家森林公园的初衷相悖，在决策过程中必将出现矛盾与博弈。

5.2.2.2 静态利益博弈模型

静态博弈是指参与人同时做出选择行动，或者选择行动有先后但对方不知道先行者的选择。在国家森林公园建设与发展过程中，假设政府与国家森林公园的投营者在做出选择时对方不知道先行者的决策，建立的静态博弈模型如下。

假设：政府（G）、投资商与经营者（简称投营者）（O）

（1）政府部门在国家森林公园建设中通过法律手段监督与管理投营者行为所付出的成本为（MC），概率为（P_1）；

（2）投营者在国家森林公园建设中意识到保护生态的重要性，配合政府进行生态保护行为付出的成本为（PC），因此获得的社会声望为（SR），概率为（P_2）；

（3）投营者为获取利益最大化，而对自然资源过度开发，为此付出的罚金等成本为（FC）；

（4）政府部门如果没有履行监督责任，同时投营者也没有保护生态资源，形成的社会成本为（SC），政府部门的声誉损失为（RC），那么政府（G）-投营者（O）的支付矩阵见表5-1。

表5-1 政府与投营者的博弈矩阵

		政府（G）	
		投入监督（P_1）	不投入监督（1-P_1）
投营者（O）	投入保护（P_2）	SR-PC, -MC	SR-PC, B（常数）
	不投入保护（1-P_2）	-FC, FC-MC	B, -RC

在环境保护没有受到足够重视时，政府对投营者的环境破坏的惩罚力度不大，政府部门对其不重视环保造成的声誉损失不在乎，因此会出现（RC<MC-FC），那么政府不监督与投资商和投营者不做环保投入就成了纳什均衡，这种均衡长此以往会导致森林资源和生态环境被破坏，是人类不想看到的结果。投资商和投营者对资源的耗费与破坏会造成相当高的社会成本，即（SC）很高，整个成本会远超过政府进行监督所花费的成本，如果将这部分成本记在政府部门头上，就会大大增加政府监督的力度，那么

就会出现新的博弈矩阵，见表 5-2。

表 5-2 新一轮政府与投营者的博弈矩阵

		政府（G）	
		投入监督（P_1）	不投入监督（$1-P_1$）
投营者（O）	投入保护（P_2）	SR-PC, -MC	SR-PC, B
	不投入保护（$1-P_2$）	-FC, FC-MC	B, -SC-RC

政府与投营者的收益期望为：

$$E_G=P_1[-P_2\text{MC}+(1-P_2)(\text{FC}-\text{MC})]+(1-P_1)(1-P_2)(-\text{SC}-\text{RC}) \quad (5-1)$$

$$E_O=P_2[P_1(\text{SR}-\text{PC})+(1-P_1)(\text{SR}-\text{PC})+(1-P_2)(-P_1\text{FC})] \quad (5-2)$$

式中，E_G——政府的收益期望，E_O 表示投资经营者的收益期；

MC——政府部门管理投资商与经营者行为所付出的成本；

P_1——政府投入监督的概率；

PC——投资商与经营者配合政府进行生态保护行为付出的成本；

SR——投资商与经营者获得的社会声望；

P_2——投资商与经营者配合政府进行生态保护的概率；

FC——投资商与经营者为获取利益最大化付出的罚金等成本；

SC——政府部门如没履任且投资商与经营者也没有保护生态资源形成的社会成本；

RC——政府部门的声誉损失为。

求得混合纳什均衡解为

$$P_1'=\frac{\text{PC}-\text{SR}}{\text{FC}} \quad P_2'=1-\frac{\text{MC}}{\text{FC}+\text{SC}+\text{RC}} \quad (5-3)$$

$$P_2'=1-\frac{P_1'\text{MC}}{\text{PC}-\text{SR}+\text{SC}P_1'+\text{RC}P_1'} \quad (5-4)$$

对公式 5-4 求关于 P_1' 的一阶导数：

$$P_2'^{*}=\frac{\text{MC}(\text{SR}-\text{PC})}{(\text{PC}-\text{SR}+\text{SC}P_1'+\text{RC}P_1')^2} \quad (5-5)$$

通过公式（5-5）得出：MC≥0，当 SR>PC 时，$P_2'^* > 0$，社会声誉大于保护成本时 P_2' 为增函数，政府从社会声誉评价看待企业，必要时收取社会声誉保障基金。

5.2.2.3 动态利益博弈模型

动态博弈是指博弈参与者选择有先后顺序，且后做出行动的博弈方可以知道其他博弈方的行动选择。这种博弈形式更贴近国家森林公园建设与发展的博弈，政府首先会做出国家森林公园建设行动，包括政策倾斜和资源及资金支持，投营者在已知政府做出的行动下做出自己的选择，选择保护环境或不保护环境来开发森林资源，此时政府可以选择监督或不监督其保护行为；投营者随后会根据政府行为选择对策，寻找"权力寻租"的可能来降低政府监督的行为概率或不严格监督时。权力寻租是经济学术语，指公权者以权力为筹码谋求获取自身经济利益的一种非生产性活动的。本书的权力寻租是指政府权力部门对国家森林公园开发不进行严格监管，通过收取投营者好处把权力资本化，谋取金钱和物质利益，而放任投营者在国家森林公园开发过程中的环境破坏行为。针对投营者寻找权力寻租的机会，政府部门随后的选择可能是"勤政"，即不收取好处或上缴国家而进行继续监督行为或给投营者较高罚款及其他相应处罚，或"懒政"不作为，笑纳投营者的小恩惠对其破坏环境的行为熟视无睹。基于上述分析建立动态博弈模型如下：

假设：（1）政府部门的资源与资金投入成本与环境监督管理成本为 MC，投入概率为（P_1），不投入概率为（$1-P_1$）。

（2）投营者在国家森林公园建设中遵守法律保护环境，为此投入环境保护成本为（PC），为此获得社会社声望（SR_1），投入的概率为（P_2），不投入的概率为（$1-P_2$）；如果投资商与经营者为了追求利益最大化而放弃保护环境，开发中破坏环境，为此需要支付罚金（FC），为此社会声望损失（SR_2）。

(3）投营者为不保护环境及其他自身利益的满足，会钻一切政府权力寻租的空子 aPC，（$0<a<1$），概率为（P_3）；如果政府主管部门进行权力寻租，则其声望损失为（SR_3），概率为（P_4）；如果政府主管部门将贿金及罚金上缴国库，则会获得适当激励 k（aPC+FC）；如果投营者不寻找政府权力寻租的空子，政府对其不保护环境及满足自身利益最大化行为作出处罚，罚金上缴国库，则政府给予主管部门 kFC。

（4）政府部门不履行监督检查职责，同时投营者也不保护环境，或者是政府部门进行权力寻租而懒政不作为，最终导致环境污染和资源过度开发，则政府部门失职造成的损失为（SC）。

根据上述假设做出博弈树见图 5-1，各节点的收益关系见表 5-3。

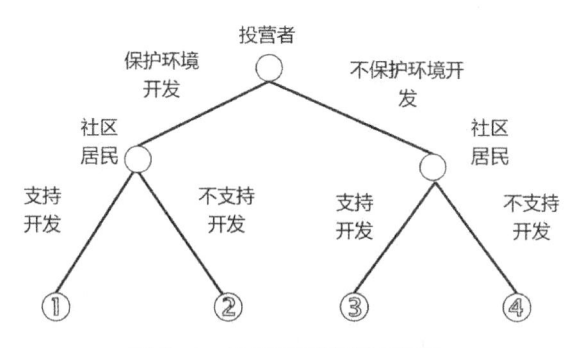

图 5-1 政府与投营者博弈树

表 5-3 博弈树节点收益值表

节点序号	节点收益值
①	SR_1-PC，-MC
②	SR_1-PC，B（常数）
③	-FC-aPC-SR_2，$k(a$PC+FC$)$-MC
④	-aPC-SR_2，aPC-SR_3-SC
⑤	-FC-SR_2，-MC+kFC
⑥	-SR_2，-SC
⑦	E_{11}　E_{12}
⑧	E_{21}　E_{22}

逆向归纳法是动态博弈中先行动的参与者，在前一阶段选择行为时，必然要考虑后行动的参与者在后续阶段中的行为选择，只有最后一阶段的参与者才能不受其他参与人的制约而直接做出选择，后面阶段的参与者选择确定后，前一阶段的参与者的行为也就容易确定了。主要思想是首先思考自己的决策，可能引起的所有后续反应，以及后续反应的后续反应，直至博弈结束；然后从最后一步开始，逐步倒推，以此找出自己在每一步的最优选择。本书采用逆向归纳法求出动态博弈下的均衡值：

第一步：计算节点⑦的期望值

$$E_{11}=P_3P_4(-FC-aPC-SR_2)+P_3(1-P_4)(-aPC-SR_2)+(1-P_3)(-FC-SR_2) \quad (5-6)$$

$$E_{12}=P_3P_4(-MC+akPC+kFC)+P_3(1-P_4)(-aPC-SR_3-SC)+(1-P_3)P_4(-MC-kFC) \quad (5-7)$$

式中，E_{11} 与 E_{12} 表示节点⑦的期望值；

  MC——政府部门的资源与资金投入成本与环境监督管理成本；

  P_1——政府部门投入概率为，$1-P_1$ 为不投入概率；

  PC——投营者在国家森林公园建设中遵守法律保护环境为此投入环境保护成本；

  SR——投营者获得社会社声望；

  P_2——投营者投入的概率，$1-P_2$ 为不投入的概率；

  FC——如果投营者为了追求利益最大化而放弃保护环境为此需要支付的罚金；

  SR_2——投营者的社会声望损失；

  aPC——投营者为不保护环境及其他自身利益的满足会钻一切政府权力寻租的空子（$0<a<1$）；

  P_3——投营者会钻政府权力寻租的空子的概率；

  SR_3——政府主管部门进行权力寻租的声望损失；

P_4 表示政府主管部门进行权力寻租概率;

$k(aPC+FC)$ 表示如果政府主管部门将贿金及罚金上缴国库获得的适当激励;

kFC 表示如果投营者不寻找政府权力寻租的空子,政府对其不保护环境及满足自身利益最大化行为作出处罚,罚金上缴国库,则政府给予主管部门;

SC 表示政府部门不履行监督检查职责,同时投营者也不保护环境,或者是政府部门进行权力寻租而懒政不作为,最终导致环境污染和资源过度开发政府部门失职造成的损失。

解出博弈的纳什均衡:

$$\frac{\partial E_{11}}{\partial P_3} = P_4(-FC - aPC - SR_2) + (1-P_4)(-aPC - SR_2) + FC + SR_2 \quad (5-8)$$

$$\frac{\partial E_{12}}{\partial P_4} = P_3(-MC + akPC + kFC) + P_3(aPC + SR_3 + SC) + (1-P_3)(-MC + kFC)$$

$$(5-9)$$

求出:
$$P_3' = \frac{MC - kFC}{akPC + aPC + SR + SC}$$

$$P_4' = \frac{FC - aPC}{FC}$$

将此结论代入公式(5-1)和公式(5-2)中,求出 E_{11}' 和 E_{12}'

第二步:计算节点⑧的期望值:

$$E_{21} = P_1 P_2(-PC + SR_1) + P_2(1-P_1)(-PC + SR_1) + (1-P_2)$$
$$P_1 E_{11}' + (1-P_2)(1-P_1)(-SR_2) \quad (5-10)$$

$$E_{22} = P_1 P_2(-MC) + (1-P_2)P_1 E_{12}' + (1-P_2)(1-P_1)(-SC) \quad (5-11)$$

解出博弈的纳什均衡:

$$\frac{\partial E_{21}}{\partial P_1} = P_1(-FC + SR_1) + (1-P_1)(-PC + SR_1) - P_1 E_{11}' - (1-P_1)(-SR_2)$$

$$(5-12)$$

$$\frac{\partial E_{21}}{\partial P_1} = P_2(-MC) + (1-P_2)E_{12}' + (1-P_2)SC$$

求出：
$$P_1' = 1 - \frac{MC}{MC + SC + E_{12}'}$$
$$P_2' = \frac{SR_1 + SR_2 - PC}{E_{11}' + SR_2}$$

（1）根据 P_1' 和 P_2' 关系分析得出如下结论：

①森林公园投资商与经营者在开发过程中对生态保护的程度取决于政府监管以及造成的社会损失及其期望值。如果社会损失 SC 越大，投资商保护自然生态的概率 P_1' 就越大，因为不保护生态会给社会造成大量的负面影响，也更加影响企业的社会形象；政府部门投入的监督成本 MC 越大，投资商保护自然生态的概率 P_1' 就越小，因为监督环境和生态的成本太高，政府部门就会尽量减少监督行为，投资商保护生态的概率就变小；政府部门有作为的期望值 E_{12}' 越大，投资商保护自然生态的概率 P_1' 就越大，因为政府部门勤政有作为，会对不保护环境的投资商进行处罚，所以投资商就要去保护生态防止处罚。

②投营者保护自然生态获得的声誉 SR_1 越大，政府部门监督的概率 P_2' 越大；如果投资商不保护生态环境的声誉损失 SR_2 越大，政府部门监督的概率 P_2' 越大；投营者保护生态环境的成本 PC 越高，政府部门监督的概率 P_2' 越小；E_{12}' 越大政府部门监督的概率 P_2' 越小。

（2）根据 P_3' 和 P_4' 关系分析得出如下结论：

①政府投入的监督成本 MC 越高，投营者就越倾向于行贿，概率 P_3' 越大，因为监督成本过高，导致政府不愿付出高额成本进行监督行为，因此也加大了投资商行贿的几率；政府对主管部门实行的监督奖励 k 的力度越大，投资商的行贿行为概率 P_3' 越小，因为实行监督可以获得更多奖励回报，政府部门人员不愿意冒风险收取贿金；权力寻租金额 a 越大投营者进行寻找权力寻租的可能概率 P_3' 越小，因为这样会增加投营者的权钱交易成本；再有政府部门权力寻租的声誉损失 SR_3 越小，投营者进行权钱交易的概率越大，因为对收取好处的官员来讲自己的政治声誉没有太大影响还能收取大笔

资金；最后如果 SC 造成的社会损失越小，行贿的概率 P_3' 越大，因为即便政府部门失责造成的损失也不严重，那就可以通过收取贿赂满足自己的金钱欲望。

②如果投营者权钱交易的金额越大，政府部门有作为的概率 P_4' 会下降，因为政府部门，可以通过懒政不作为对投营商不进行处罚，从而收取好处；投营者不进行环境保护承担的罚金 FC 越大，主管部门有作为的概率 P_4' 越小，因为罚金本身就对投资商开发不进行环保的惩罚，这个力度越大开发商越不敢轻易破坏环境，那么政府部门有作为的概率就降低。

通过静态与动态博弈两种情况可以得出如下结论：构建和谐社会需要提高诚信意识。通过增加政府部门，滥用职权的信誉损失来抑制投资商的权钱交易，同时加大投营者，在环保中获得的社会声誉，来鼓励投营者在国家森林公园建设中保护环境。

5.2.3 投营者与周边社区利益博弈

国家森林公园周边社区的与投营者之间的博弈关系，可以从获得直接利益与间接利益的角度分别分析。

（1）基于直接利益的博弈。投营者在国家森林公园建设中，最大的目标是要获得收益最大化，因此为满足该诉求倾向于在国家森林公园范围内垄断经营，不希望更多参与者参与利益分配，但是在建设中，如果不考虑周边社区居民的诉求会带来开发的诸多阻碍，如居民拦路或者认为破坏或者通过制造群体性事件引起舆论压力等，这个博弈中投营者的决策集为（支持参与经营，不支持参与经营）。在不同的态度下，社区居民可以选择（参与经营，不参与经营）。如果投营者支持社区居民参与经营就代表愿意给社区居民分配一定利益，国家森林公园开发在社区居民支持下会顺利进行，并能获得一定的社会声望，履行了社会责任，解决了地方经济发展及社区生活提高的问题。如果社区居民参与经营可以获得直接的经济收益，或体现为森林公园员工薪资，或为开设经营项目赚取的经营收益；如果社区居民选择不参与经营就没有直接的经济利益,而可以享受其他国家森林公园建设带来的间接利益,如房屋土地升值、生活条件改善等。相反如果投营者不支持社区居民参与经营,那么社区居民选择不参与则无任何矛盾,对国家森林公园发展没有负面影响,但如果选择参与经营,会在国家森林公园外部范围进行,导致漫天要价、性价比低、出售劣质旅游商品等问题,间接影响国家森林公园形象;或者通过低价抢客,给国家森林公园带来直接的经济损失。那么投营者支持社区居民参与经营会给双方带来最大的利益均衡,理论模型见图5-2。

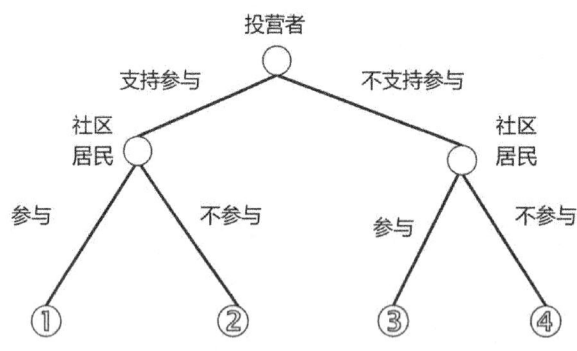

图5-2 直接利益关系下投营者与社区居民博弈树

(2)基于间接利益的博弈。国家森林公园的建设势必会带动土地权转让以及开发后的土地升值,周边社区居民会获得间接的开发收益即社区环境的改善和房屋价格升值。从这个角度,投营者与社区居民的博弈决策可以分为(保护环境开发,不保护环境开发),社区居民的决策集为(支持开发,不支持开发)。如果投营者开发过程中保护生态环境不遭到破坏,社区居民支持开发,那么国家森林公园会得到长足可持续发展,居民享受国家森林公园带来的间接收益;如果社区居民认为国家森林公园建设带来的过多游客会产生人为环境污染与噪声污染,社区众多的外来人口有不稳定因素与安全隐患,以及给社区物价带来上涨,而不支持国家森林公园旅游开发,那么会给国家森林公园投营者带来额外的安抚成本,而社区居民无论支持与否都会享受到国家森林公园建设后带来的房价升值的利益。如果投营者开发国家森林公园采取不进行环境保护的措施，那么社区居民如果选择支持开发，势必会造成环境的破坏，这是长远的利益损失，同时投营者也会收到监管部门的罚金而增加开发成本。如果罚金金额巨大，投营者会带来巨大损失，并损失社会声誉；投营者如果不保护环境进行开发，社区居民坚决反对的话，那么这种行为会被制止与纠正，对生态破坏不会形成，但是社区居民也不会因此获得任何收益，即收益为 0。但是为保护生态做出了贡献，获得社会声誉。理论模型见图 5-3。

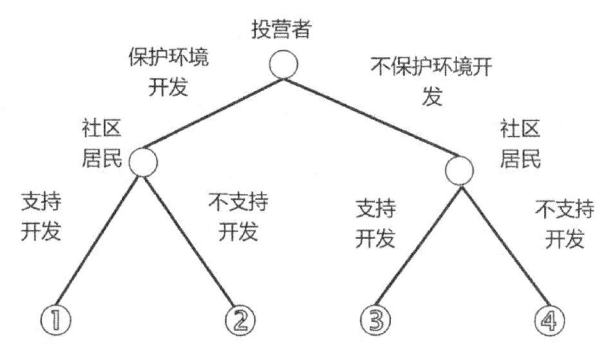

图 5-3 间接利益关系下投营者与社区居民博弈树

5.2.4 投营者、周边社区与游客三方利益博弈

游客是国家森林公园森林旅游的消费者与支付方，在此过程中会出现如下两种情况。

（1）周边社区参与国家森林公园管理的情况。在此情形下国家森林公园与社区居民的目标都是从游客处赚取收益，双方目的一致倾向合谋。这样游客没有选择余地，只能被动选择提供的服务。如果消费体验较好会满足游客效用，并给投营者及社区居民带来收益，为国家森林公园带来声誉，是"三赢"；如果消费体验不好，那么会影响森林公园形象，长远看会影响游客数量，投营者与社区居民收益下降。因此国家森林公园需要对服务严格控制，包括对社区居民开展的服务要进行严格审核，可以通过设立惩罚机制达到监管目的。

（2）周边社区不参与经营的情况。这种情形下游客可以选择除门票外的旅游消费，社区居民独立经营会通过低价策略与国家森林公园竞争，国家森林公园投营者收益限于门票，其余收益大幅下降。此时社区居民提供的消费服务好则会给自己带来经济收益的同时为国家森林公园带来后续游客；如果提供的消费服务不好，社区居民会谋取一次性暴利获得收益，但是长此以往给国家森林公园带来间接的负面影响。这样获得收益的只是社区居民，其余的两大主体利益受损，对国家森林公园长远发展不利。

5.2.5 投营者与专家学者利益博弈

前文指出本研究中的专家学者具有双重含义，一是抽象地指代表理性生态学本位的宏观利益相关者，是站在国家层面的，在国家森林公园发展中起着生态保护监督作用，目的是为地方生态利益发展保驾护航。如果投营者在森林资源开发中违背生态保护意愿，专家学者可以利用自身身份进行干预，以及利用政府、监管部门、大众媒体等力量进行影响。如果投营者在国家森林公园开发过程中注重生态保护，则专家学者可以获得生态保护利益，从而达到生态推动地方经济发展的目的。

二是具象地指具体的科学研究专家。但由于研究方向与关注点不同，其与投营者的博弈关系也会发生改变，如果专家是与国家森林公园森林旅游发展相关的经济学者，则其更多关注旅游经济发展、森林资源开发、地方经济发展与其他相关产业的推动等；而生态方面的学者更多地关注生态保护等。这些学者因研究关注的焦点不同，与投营者的利益观念会有冲突，如学者关注旅游发展带来的经济利益与投营者的目标基本一致，而关注生态保护的学者会加大投营者在开发时环保的成本。不同的时期和发展阶段专家学者的关注点会发生改变，对于贫困地区，以脱贫为发展战略的区域在开发过程中可能不会过多考虑环境保护，而经济发展较好的地区，在开发时就要考虑环保成本预算。因此在博弈过程中也要视专家学者关注的角度而定。

本章小结

本章在利益博弈的经济学假设前提下，构建了国家森林公园森林旅游发展利益主体政府与投营者间的利益博弈模型，构建了国家森林公园投营者与周边社区利益博弈理论模型，剖析了国家森林公园投营者、周边社区与游客三方利益博弈关系，以及国家森林公园投营者与专家学者利益博弈关系，为下一章国家森林公园森林旅游发展的利益相关者关系协调打下伏笔。

6 国家森林公园森林旅游发展优化策略

国家森林公园森林旅游发展的关键问题是协调责权利的关系,解决相关者利益矛盾与冲突,建立可持续发展的国家森林公园机制,提高生态保护意识并建立健全相关法律机制。

6.1 优化的目标与原则

6.1.1 优化的目标

《国家林业局、国家旅游局关于加快发展森林旅游的意见》提出加快发展森林旅游的总体目标:到2020年,各类森林旅游景区总数达到8000处,构建起以国家森林公园为主体,湿地公园、自然保护区旅游小区、森林植物园、林业观光园等相结合的森林旅游发展体系,推出一批国际国内一流的森林旅游景区,全国年森林旅游人数达到14亿人次,创社会综合产值达8000亿元,将森林旅游培育成林业支柱产业。在这个总体目标指导下,本书意图达到的目标是"国家森林公园森林旅游实现利益相关者关系协调下的可持续发展"。具体目标为:①解决利益相关者矛盾,平衡相关者利益关系;②建立权、责、利机制与法律法规;③构建国家公园体制。

6.1.2 优化的原则

(1)利益兼顾原则。在国家森林公园森林旅游发展中要保持利益相关者利益均衡,不能只顾某些相关者利益而损失其他相关者利益。虽然发展中不能满足所有相关者的利益诉求,但是要做到尽量平衡关系,照顾多方主体利益。

（2）可持续原则。国家森林公园森林旅游发展是长期的经济活动，因此要确保优化对策可以持续进行，而不是追求短期效益。

（3）共同性原则。国家森林公园森林旅游发展是我国公民的共同目标，同时也需要共同努力来完成，共享利益，也要共担责任。

（4）前瞻性原则。国家森林公园的发展是要与国际接轨的，在体制建设上要目标长远、面向未来。国家公园体制的全面建立是未来发展目标，因此在现阶段的国家森林公园建设中就要做好规划，要具备预见性与敏锐的洞察力。

6.2 权利关系协调策略

6.2.1 建立健全国有林权制度

要协调权利资源关系关键在于明晰权利界限。国家作为林业资源所有者具有产权排他性，除了国家以外没有其他任何人拥有资源使用的权利。也就是说一旦排他性产权确立，政府就可以在允许的范围内及不损害其他人权益的基础上自由支配。

我国现存林地的大面积退化与破坏，主要是因为我国的林业资源不具有排他性，产权制度不够明确，没有真正成为有效约束人们经济行为的手段。产权不明确的情况下，林区人们对树木乱砍滥伐收益确定，造成的损失却由虚置的产权主体"国家"来承担，这就是所谓的"公共地悲剧"。个人出于自身利益最大化的考虑，所做的行为是竞争或掠夺性地破坏林业资源而非保护资源。政府为防止这一悲剧最有效的办法就是把林业资源的所有权与林地经营权有条件交给林业企业和员工，这样企业与员工有了自己的利益保障，就会全力投入林业建设中，最大限度地保护资源，使他们的资产增值。因此，要协调好利益相关者的关系第一步就是明确产权。

6.2.2 创新森林资源所有制

林业资源具有很高的生态、经济与社会价值，属于稀缺资源，对于原始林、生态林和防护林等大面积的林业资源必须掌握在国家手中，一方面为稳定国家经济、生态与安全；另一方面国家可以进行大规模保护与管理，这也是我国建设国家森林公园的目的所在。但是，对于微小面积的森林资源，可以尝试有条件地让渡经营权或所有权，这样可以降低国家森林治理的成本，并可以防止个人盗用资源，也能促进所有者对林业的投入资本。

对于生态公益林，维护和管理成本较高，在机制上可以灵活处理。可以将目前的企业运营模式加以借鉴，让一些企事业单位来管理，或者让部分林业员工承包，国家通过政策或生态效益给予一定的补偿，捆绑责任与利益，赏罚分明，这样有利于激发群众的积极性，也能降低政府的监管成本。

6.2.3 强化政府主导功能

6.2.3.1 政府主导森林旅游的含义

"政府主导"发展模式在本质上仍然属于计划经济范畴，其实就是地方政府对内依靠行政权力拉动经济发展，对外争夺市场资源的混合发展模式。政府在国家森林公园的森林旅游中发挥着行政主导力量，国家森林公园的开发建设与森林旅游业发展需要政府导向与政策支持。为保障森林旅游与经济发展、文化发展与社会发展相协调，政府在森林旅游发展中应进行积极干预。

森林旅游产品的特殊性决定了政府主导的发展战略。

（1）森林旅游产品是综合性产品，囊括了吃、住、行、游、购、娱六大要素，单独依靠某一企业或某一部门不能满足社会对森林旅游的总体需要，因此政府要进行统一规划、统筹安排和综合性开发。

（2）"社会公益性"是森林旅游产品的另外一大属性，在旅游的消费性上要进行地域文化的宣传与推广、知识信息的传播等，需要政府主导提供便捷的交通、通信等设施，包括博物馆、科技馆、展览馆、爱国主义教育基地、生态保护基地的建设。

（3）森林旅游还具有"生态易损性"，在开发期间会存在过度开发、生态破坏等问题，还会存在人为污染的问题，导致生态环境容易被破坏，这些都需要政府主导协调解决。

（4）森林旅游产品具有"区域性"，但是国家森林公园的发展要打破区域局限性，要形成"全域旅游"，需要省内乃至全国打破区域界线及部门壁垒，形成整合的品牌资源。

（5）森林旅游产品具有销售的"层次性"，政府要主导旅游形象的策划、旅游线路设计，以及旅游品牌的打造。政府主导作用不可替代。

（6）森林旅游产品具有"竞争性"，政府需要合理调控市场，形成合理的竞争市场，弥补市场缺陷，使市场高效运行。

6.2.3.2 政府主导森林旅游的功能

（1）产业主导功能。旅游产业是物质文明与精神文明高度发展的产物，是拉动各项产业发展的内牵动力，同样也是产业综合的载体。旅游业与交通、住宿、餐饮、娱乐、购物与游憩等产业高度相关，是近些年经济发展的新动力。政府及相关部门意识到森林旅游产业的重要性，做出了诸多产业调整的举措，已经将旅游产业纳入到产业调整的重要位置，因此，政府需要从组织管理、资金支持、财政政策、行政职能等方面保障森林旅游业的发展。要通过产业主导功能动员全社会参与到森林旅游发展中。

（2）规划主导功能。国家森林公园的开发与建设的目的是要保护生态环境与林业资源，旅游开发需要在可控范围内的"非过度开发"，因此政府需要进行长远规划，在开发建设前做好环境评估及相关调研工作，对要上马的娱乐设施与娱乐项目进行严格评估，防止一切破坏环境的项目。

（3）政策主导功能。森林旅游产业发展需要规划、组织、旅游线路研发、项目宣传等综合的政策支持体系。政府需要在相关政策、法规、发展计划、金融筹资、工商管理、招商引资以及交通运输等方面给予政策支持，将森林旅游设定为地方经济目标，设立专项基金等。只有在政府强大的优惠政策下，森林旅游才能得到快速发展。

（4）资金主导功能。国家森林公园的建设与森林旅游开发需要大量的资金支持，政府作为资金主导者，集公共产品的提供者、重大项目启动者与旅游氛围营造者三大角色于一身。需要资金建设公共交通与基本的旅游设施，需要资金进行重点景点打造和重要人文景观、文物景点的维护，需要资金进行配套建筑的烘托、城市特色的缔造、文化历史的挖掘，政府要通过招商引资、多渠道融资与多方合作来奠定资金基础。

（5）创新主导功能。森林旅游发展需要创新来推动，传统的简单旅游已经不能满足现在旅游消费者需求，因此从旅游形式、形态、产品、功能、服务等各个方面要进行创新与变革。政府主导的创新，首先，创新政府与企业关系。通过学术交流、新闻发布、森林旅游联合会等平台开展旅游产业相关信息交流，广泛收集意见、建议，将政府与企业乃至高校联合起来形成国家森林公园森林旅游的强大"知识后援"，为森林旅游献计献策，只有群策群力才能使森林旅游产业得到长远发展。其次，创新森林旅游本质。森林旅游是将休闲游、健康游、探险游、运动游、商务游、生态游都囊括在内的旅游，政府要主导宣传森林旅游的新理念，把环保意识渗透在旅游的过程中，让人们对当今旅游有更高层次的认识。最后，创新市场主体。企业是市场的主体和重要参与者，旅游企业代表着地区的旅游形象与观念，"品牌"是在市场立足的根本，打造名牌是企业生存与发展的必经之路。国家森林公园的森林旅游需要打造龙头企业，树立各地的旅游品牌，带领我国的森林旅游走向世界。

（6）负外部性控制功能。森林旅游是一种经济活动，会产生负外部性，主要体现为对森林旅游资源与生态环境的破坏。森林旅游不可否认为地方经济带来好处,给周边社区生活条件带来一定改善,但是投营者为了追求经济收益将餐饮住宿的废水排入河流,尾气和餐饮烟尘直接排入空气,对环境造成大量污染,这个负外部性也是不能忽视的。同时,游客在森林旅游过程中对树木的擅自采摘、攀爬,对野生动物的随意投食,擅自开采路径等行为也产生了负外部性,长此以往对环境的严重破坏,不利于森林旅游的长远发展。为此,政府应该采取措施进行制止与处罚,配合相关政策法规,有效制约负外部性增长。一方面是政府直接干预。政府可以利用法律法规等手段,对产生的负外部性行为进行直接干预与制止,如明确划分游客可以游览的区域,严格控制人数与车辆;游乐设施如游艇等需要安装消除污染的设施,采用节能环保的景区交通工具。另一方面是经济惩罚。森林旅游负外部性的产生是由于私人成本社会化造成的,因此应该采取经济激励措施,使外部成本内部化。例如,征收旅游经营相关税费,对产生的外部性进行一定的补偿;对游客收取一定的季节差价费用,对游客破坏环境的行为进行处罚。

6.3 利益关系协调策略

6.3.1 建立利益关系协调机制

6.3.1.1 利益诉求沟通机制

沟通是解决问题的最好办法,在国家森林公园建设过程中信息是不完全对称的,国家森林公园的员工、游客、社区居民与专家学者所掌握的信息并不完整,如果不能与政府及公园的投营者进行有效对话,那么彼此间的误会与矛盾就很难解决。

国家森林公园的利益相关者都有自己的利益诉求,一旦这些诉求不能得到满足就会出现负面情绪。如果员工出现负面情绪会影响工作效率和状态，可能把不满情绪带给被服务的游客；同样游客的诉求不能满足就会给国家森林公园的形象带来负面影响；专家学者的诉求如果不能得以满足，就会通过学术手段和社会影响对国家森林公园进行批评，会影响国家森林公园的形象与声誉。那么沟通就是在这些利益相关者间搭建桥梁，并且可以收集意见与建议。沟通可以将国家森林公园经营者的理念传递给公众，可以传播生态保护知识等。

国家森林公园可以构建沟通渠道，如对外设立开放信箱、微信公众号、QQ 等与外界沟通，对内设立经理谈话日、定期和不定期访谈日、总裁接待日等，管理层可与下属员工不定时不定地点地谈话。

6.3.1.2 完善员工生活保障系统

国家森林公园员工与周边社区居民的基本利益就是生活保障需求，温饱问题是偏远林业地区居民面临的问题。完善最低生活保障系统可以通过建立国家森林公园生活保障基金实现，国家森林公园为职工开设个人最低生活保障账户，员工存入一定数量基金，由国家森林公园及地方政府补贴部分资金，以帮助解决职工的生产、生活困难问题。国家森林公园职工的最低生活保障可以由国家森林公园及地方政府列入财政预算，专款专用。保障了国家森林公园员工的基本生活利益，才能使员工为国家森林公园的旅游发展贡献力量。

6.3.1.3 完善养老保险制度

国家森林公园多数地处偏远，生活条件相对落后，很多年轻人都不愿在林区工作，因此林区会有很多留守老人，想要依靠传统的"子女养老"已经不现实。国家森林公园的员工及国家森林公园周边社区的养老问题是一个现实的大问题。因此在国家森林公园的发展中，养老保险制度的完善势在必行。只有解决好养老问题，解除了他们的后顾之忧，员工与周边社区的居民才能更积极地投入国家森林公园旅游业中。养老制度需要地方政府携手国家森林公园进行养老金的缴纳统筹工作，对没有缴纳养老金且已经退休的居民给予最低的生活保障，对未达退休年龄且自愿加入养老保险的职工，按规定缴纳保险。

6.3.1.4 完善林业困难职工生活保障体系

林区职工收入长期偏低，困难职工人数较多，建立多层次的保障体系，让困难职工得到精准救助，可通过对一线职工的工资医疗，子女上学和提高生活补贴等方面加大优惠政策，畅通职工沟通渠道，及时了解职工需求，为困难职工提供无息贷款等构建多层次的困难职工生活保障体系。

6.3.2 构建利益再分配机制

6.3.2.1 资金资源关系协调策略

国家森林公园的建设与运营产生的收益应该合理进行分配，政府可以将部分收益与权力下放。放权最能调动地方政府与国家森林公园经营者的积极性，从而达到保护生态资源的目的。国家森林公园的收益以税收形式上缴政府，政府再通过其他形式进行再分配。

6.3.2.2 知识资源关系协调策略

国家森林公园蕴含着丰富的知识，包括生物、生态、自然、社会文化、历史遗迹、天文、地理等，这样一个巨大的信息库如果不能为人类所知所用将是一大遗憾。国家森林公园从建设初期就要请专家学者参与讨论，并在运营后定期组织专家学者评估和交流。为了使知识传播与流动，可以组织各种类型的旅游项目，如野外生存项目、植物学动物学旅游项目、自然探险旅游项目等，这样可以通过旅游传播自然科学，专家学者可以通过进园调研进行科学研究，使知识得以流动与传播。

6.4 责任关系协调策略

6.4.1 创新经营机制

国家森林公园要得到长足可持续发展就要不断提高核心竞争力，产品与服务就是核心竞争力。持续创新产品与服务是国家森林公园的首要任务与责任。

（1）产品创新。首先，打造特色、绿色农林产品，将原来的初始化原料生产和半成品加工向精细化深加工转变，提高产品的科技含量和营养价值。可以与专家学者、科研机构合作，开发特色产品。如东北盛产榛蘑、木耳、猴头菇等，可以利用现代科技和传统工艺相结合的方式进行产品改良和多种产品创新，如内蒙古地区可以深加工与鹿相关的产品。其次，开发特色旅游产品。如按森林旅游产品功能可分为：森林生态观光游、森林健康度假游、森林探险游、森林科普游、森林冰雪游、森林产业观光游、森林文化游、森林婚纱外景游等；按照顾客群体可划分为：中小学生的森林科普游、森林产业观光游等，青年游客的森林探险游、森林文化游等，面向中年游客的森林健康度假游、森林养生游等；面向高消费游客的森林豪华游，中等消费游客的舒适游，低消费游客的自助游等。个性化、定制化旅游是未来旅游趋势，如森林木屋酒店体验、冰屋酒店体验、森林野外生存训练、森林雪地温泉等个性化新型旅游产品。

此外，还要通过高科技开发生物质能源，发展能源林；鼓励企业开发林业生物质能源。例如，在云贵川等地区对黄连木、麻疯树、乌桕等主要木本燃料油植物进行良种化，建设麻疯树、乌桕能源林示范；在陕冀豫地区进行黄连木、文冠果能源林示范；在湘鄂赣等长江中下游地区进行光皮树、油桐能源林示范，攻克植物纤维原料预处理技术、戊糖己糖联合发酵技术；在华东或东北地区进行以木屑等木质纤维为原料，生产燃料乙醇的中试生产；在木本淀粉资源集中的南方省区，形成燃料乙醇规模化生产等。

（2）服务创新。国家森林公园的森林旅游发展，产品是核心竞争力，服务就是"软竞争力"。旅游行业归属于服务行业，因此服务在竞争中尤为重要。国家森林公园的基本服务是提供游客优美的景观，开发建设好旅游基础设施，做好安全保障工作。针对越来越多的创新旅游产品，服务自然也要创新。例如，森林野外探险项目要为游客提供基本的探险工具，要有专业导游带领；森林滑雪项目要有专业教练服务。如果是探索自然类项目要有专业解说团队。互联网的高速发展，给森林旅游服务带来新的契机与挑战，购票服务可以通过互联网或者手机 App 完成，购买旅游商品可以通过第三方支付平台完成，包括导游预定、经典介绍等都可以利用互联网技术完成。另外，国家森林公园的宣传与推广也可以利用现在的互联网平台，其传播速度之快是传统宣传手段无法比拟的。服务业质量与服务人员素质都要相应提高，才能满足森林旅游业的快速发展。

6.4.2 建立生态效益补偿机制

生态补偿是指以生态系统服务价值、生态保护成本、发展机会成本、行政和市场工具综合利用、环境生态保护规范为基础的环境经济政策，旨在保护生态环境，协调人与自然和谐发展，发挥在区域生态保护和环境污染防治领域的经济激励作用。"污染者付费"原则与"破坏者与受益人付费"的原则共存。建立生态补偿机制是落实科学发展观的重要举措，有利于推动环境保护工作实现生态补偿机制，从行政手段到综合利用经济、技术和行政手段，加快环境友好型社会建设，达到不同地区、不同利益主体和谐发展的目标。根据《中华人民共和国森林法》相关规定，政府可以利用市场机制，牵头设立生态效益补偿基金，林业主管部门严格按照要求发放与执行，做到真正的赏罚分明。

6.5 建立国家公园体制策略

国家森林公园的发展最终要形成系统化、科学化、法治化的体制，即国家公园体制。"国家公园"体制是一种对自然区域进行可持续发展与保护的管理体制，可以处理好生态保护与开发旅游之间的均衡关系。国家公园体制需要从上到下完善相关配套政策，统筹协调区域内各类生态功能区环境保护与建设资金的分配使用，充分发挥各项政策和资金的合力。

自党的十八届三中全会提出建立"国家公园"体制以来，至 2019 年上半年完成 10 个试点。根据试点成效国家尽快出台相关文件，形成指导纲领；搭建国家公园管理体系，建立"政府主导、管经分离、特许经营、多方参与"的经营机制；实现多元化资金投入与政府专项资金扶持机制；建立多层次监督机制及地区社区协同发展机制；建立国家公园相关法律、法规。国家公园体制建设需要从以下四方面入手。

6.5.1 建立《国家公园法》

我国目前实施的是《中华人民共和国自然保护区条例》以及相关《中华人民共和国环境保护法》等，国家公园体制不同于国家公园实体，是一套科学系统的管理体系。因此，需要在现有条例基础上设立一个适合当前生态保护的综合、科学化、建设标准化的《国家公园法》。一切管理都要有法可依，这样在实施过程中才能更有约束力与控制力。

6.5.2 建设试点工程

我国截至 2019 年完成 10 个国家公园试点工程，这 10 个试点可以作为我国国家公园体制建设的"试验田"，但不足以形成完善的国家公园体制，在未来 5 年需要在重点生态功能区域增加国家公园试点数量及类型，如在川陕甘地区建立"大熊猫国家公园"等。通过向世界其他成型的国家公园学习，不断改进我国国家公园管理办法，继续探索我国特色的国家公园体制。

6.5.3 将社区纳入利益分配体系

国家公园体制建设需要完善利益分配机制,应将社区纳入利益分配中。周边社区居民在国家公园建设中虽然享受到生活质量的提高,但没有长远的利益分配,因此就会出现破坏环境、高价收费等现象,主要都是源于他们没有从国家公园建设中真正受益,应该将社区居民纳入国家公园参与者中,才能保障国家公园的健康长足发展。

6.5.4 明确国家公园权利与管理责任体系

国家公园体制的建立需要明确权利关系,所有权、经营权、处置权、管理权等明确划分。然而权利划分是大事,可以分层次进行:第一层建立中央层面的国家公园管理局;第二层设立地方层面的国家公园管理机构,初期由地方政府垂直管理,等时机成熟就交回中央行使所有权。

6.6 构建可持续发展理念的协调机制

6.6.1 创新科研与共享人才机制

国家森林公园的森林生态旅游承载着"知识资源传播与流动"的功能,科技在各个领域改变着人们的生活,国家森林公园的发展与林业技术创新密不可分。加大对国家森林公园的科研力度,增加政府与金融机构的扶持,使国家森林公园的相关知识产权得到保护与转化。建立研发机构,鼓励大学、国家森林公园、林业企业、政府相结合,为国家森林公园的发展献计献策。同时,在大学中培养林业发展的专门人才,为国家森林公园不断注入新鲜血液,建立人才激励机制,提高相应待遇、福利、生活条件,为创新型人才提供奖励。

6.6.2　建立林业信息化机制

信息化已经不是新鲜事物，但是目前国家森林公园的信息化管理还相对落后。在国家森林公园发展中运用现代化信息技术，可以提高管理效率，提高创新水平，增加对外交流与沟通的渠道。打造国家森林公园信息化平台势在必行，平台可以将我国所有国家森林公园整合，实现信息共享、资源共享、知识共享、人才共享，为我国森林公园发展提供最好的技术支持。

6.6.3　完善森林旅游相关法律法规

目前，我国没有出台针对森林旅游的具体法规，但是有现行的《中华人民共和国旅游法》《中华人民共和国森林公园管理办法》做基本要求，对于重大的破坏环境的行为没有过多的明文法律来约束，这也是对破坏环境的行为屡禁不止的原因。经济处罚对于森林旅游负外部性的影响和威慑不够大，如果加上法律法规的约束效果会更加明显。我国应该尽快制定与森林旅游相关法规，从法律高度约束森林旅游破坏行为。从上层至下层来制定相关法规，如制定《森林公园管理条例》《森林旅游服务质量标准》《森林旅游规划通则》《森林公园游客管理办法》等。

6.6.4　提高生态环境保护意识

国家森林公园肩负着知识传播的责任，在可持续发展过程中，有义务宣传与教育游客保护生态，提高旅游者环保意识。意识是人们对环境及自我的认知能力及认知的清晰程度。早期自然对人类活动没有互动反应时，人们对自然保护的认知很低，只了解自然可以给人类带来巨大的经济价值，并不懂得回馈。直至现在自然对人类的破坏性利用产生反作用，人们才意识到保护生态与自然的重要性。但是因受教育程度不同，还有很多人意识落后。例如，冬季烧秸秆为开春播种做准备，虽然政府三令五申不要烧秸秆，但是很多农民认为这是为来年好种地，依然不顾空气污染大肆烧秸秆；还有些企业将废水直接排入江河等。生态保护意识应该从小抓起，很多欧洲国家做法可以借鉴，如瑞典、芬兰将自然保护基地建在人们周围，将自然保护纳入小学教育，并带领小学生参观，使其从小树立自然保护意识，使人类与自然和谐共处。我国可以利用国家森林公园开展众多自然保护基地，从娃娃抓起进行环保教育，积极组织环保活动，利用一切媒体平台大力宣传生态保护的重要性。

本章小结

本章为国家森林公园森林旅游发展提出了优化策略，包括构建国家森林公园利益相关者主体的责、权、利关系协调机制，建立国家公园体制，完善森林旅游相关法律法规。

7 黑龙江省国家森林公园森林旅游发展现状及问题分析

7.1 黑龙江省森林旅游经济发展现状

高度发达的信息化与科技化的时代背景下，人们的物质生活水平显著提高，从而越来越向往对精神文明生活的追求。党的十九大报告指出，目前我国主要社会矛盾已然转化为人民日益增长的美好生活需要和不平衡不充分的发展之间的矛盾。这也预示着在新时代背景下，人们的需求开始从单纯的物质文明领域，向追求物质文明、政治文明、精神文明、社会文明、生态文明全面拓展。因此关切经济发展的同时，也要努力满足人们的精神文化生活。作为我国战略转型产业，旅游产业在我国的国民经济中占据重要地位。森林旅游因其层次性和多样性，以及与其他行业的关联性和带动性，在国家的经济结构调整中发挥着重要作用。2016年3月7日，习近平总书记在参加十二届全国人大四次会议黑龙江代表团的审议时指出，"绿水青山就是金山银山，黑龙江的冰天雪地也是金山银山"。这一论断不仅是黑龙江建设发展的画龙点睛之笔，也是生态文明价值观的生动体现。

黑龙江省的生态旅游产业拥有得天独厚的地缘优势：

（1）黑龙江省地域辽阔、物产丰富，林业资源富饶，国家级自然保护区、国家级森林公园的数量和面积均位居中国第一；

（2）气候四季分明、两季特色，夏季适合避暑，冬季适合冰雪运动；

（3）文化底蕴深厚，共有53个少数民族，包括世居的鄂伦春族、满族、朝鲜族、蒙古族等10个少数民族；

（4）美食种类繁多，每个民族都有自己的特色美食，美食文化多元。

从我国的地理位置上看，黑龙江省是纬度最高的省份，旅游资源特色鲜明。截至 2014 年，黑龙江省森林公园总数达到 103 处，国家森林公园 63 处，森林旅游收入 81.52 亿元，接待游客 1672.38 万人，直接带动其他产业产产值 24.61 亿元。

2015 年 5 月，国务院批转《发展改革委关于 2015 年深化经济体制改革重点工作意见》，提出在九个省份开展国家公园体制试点。选定黑龙江、北京、吉林、福建、浙江、湖北、湖南、青海、云南九省市开展国家公园体制试点。黑龙江省作为我国第一个真正意义的国家公园——汤旺河国家公园的建设省份，在国家公园体制下发展特有的森林旅游具备得天独厚的优势。

7.2 黑龙江省森林旅游优势

7.2.1 天然优势

7.2.1.1 地缘优势

黑龙江省地处东经 121°11′~135°05′，北纬 43°26′~53°33′。位于中国最东北部地区，横跨 10 个纬度，两个热量带。东西跨 14 个经度，3 个湿润区，东北部与俄罗斯毗邻。从地势上看：西北部、北部和东南部高，东北部和西南部较低，主要由山地、台地、平原和水面构成；西北部是大兴安岭，中部由伊勒呼里山连接，北部是小兴安岭；东南部至张广才岭、老爷岭、完达山，东北的三江平原与西部的松嫩平原均是东北平原的一部分，黑龙江省最高的山——大秃顶子山，海拔 1690 米。山势地形错综复杂，有中山、低山、丘陵、谷地等多种类型。

黑龙江省拥有 200 700 平方千米林地面积，337 500 平方千米林业经营面积，森林覆盖率达 43.6%。省内建设森林公园 107 处，其中国家级森林公园 63 处，著名的国家森林公园有汤旺河国家森林公园、亚布力国家森林公园、五营国家森林公园，如图 7-1 所示。

汤旺河国家森林公园　　　亚布力国家森林公园　　　五营国家森林公园

图 7-1　黑龙江省国家森林公园

黑龙江省拥有林业系统湿地面积 15 406 平方千米，自然保护区 139 处，如扎龙国家级自然保护区、呼玛河自然保护区等；主要有黑龙江、松花江、乌苏里江、嫩江和绥芬河等水系，流域面积 50 平方千米以上的河流有 1918 条，有大小湖泊 640 个，在册水库 630 座，水面积达 8000 平方千米。黑龙江十大著名湖泊，有镜泊湖、五大连池、连环湖、兴凯湖、向阳湖、莲花湖、黑鱼湖、小兴凯湖、王花泡、北二十里泡。图 7-2 展示了部分著名湖泊的景色。

五大连池　　　　　　　　镜泊湖

图 7-2　两大湖泊景色

7.2.1.2　丰富的野生动、植物资源

黑龙江省的野生动植物丰富，全省野生动物达 500 余种。其中国

家一级重点保护野生动物有东北虎、东北豹、梅花鹿、丹顶鹤、白鹤等16种；国家二级重点保护野生动物有马鹿、棕熊、天鹅等57种。（图7-3）。

东北虎　　　　　　　　　　梅花鹿

丹顶鹤　　　　　　　　　　棕熊

图7-3　国家级重点保护野生动物

黑龙江省南北跨越中温带寒温带两个热量带，东西横贯湿润、半湿润、半干旱三个湿度带，故植物种类繁多，黑龙江省共有高等植物184科，739属，2400种，种子植物1764种，644属，111科。黑龙江省拥有中国最大的林区，森林类型包含了天然林、次生林及人工林等诸多类型。西部的松嫩平原及东部的三江平原是以人工林为主，而其他地区则以天然次生林为主要类型。森林植被包括寒温带的落叶松白桦林，温带的红松阔叶林、针阔叶纯林和针阔叶混交林。常绿的针叶乔木多种，主要有红松、鱼鳞松、冷杉、赤松、兴凯湖松、东北红豆杉等；落叶针叶乔木包括兴安落叶松、海林落叶松、长白落叶松等；落叶乔木主要有色木槭、青楷槭、花楷槭等；榆树则有黄榆、春榆、裂叶榆等；桦树包括白桦、枫桦、黑桦等；椴树包括紫椴、糠椴；杨树包括大青杨、山杨、甜杨等。此外，还有三大硬阔的水曲柳、黄菠萝树和胡桃楸。部分植被见图7-4。

白桦树　　　　　　　　　　紫椴树

落叶松　　　　　　　　　　青楷槭

图7-4　部分森林植被类型

7.2.1.3　气候优势

黑龙江省的气候属于温带大陆性季风气候，年平均气温在-5℃~5℃；无霜期达到100~150天；年降水量为400~650毫米，生长季降水比例较高，为全年总量的83%~94%；年日照时数2400~2800小时。年均日照总量4190~5016兆焦每平方米，年平均风速2~4米每秒。黑龙江省四季分明，两季特色。夏季温热多雨，早晚温差较大，适合避暑，冬季冰雪融融、雪质松软、雪期长，适合冰雪运动，并且具有独特的雪地景观，品牌独一无二。例如，双峰林场位于牡丹江境内，以"中国雪乡"闻名遐迩，是森林冰雪旅游的名牌；亚布力滑雪场位于尚志市，因第五、第七和第十届冬运会而远近闻名，亚布力成为森林滑雪胜地的标志。

7.2.1.4 交通优势

便利的交通运输网络是旅游业快速发展的必要条件，尤其森林旅游的发展，对于交通运输业的要求更高，主要因为大部分森林旅游资源都位于离城市较远的林区。

黑龙江省北部与俄罗斯紧邻，边境线长约3200千米。黑龙江省的旅游交通比较畅通，涵盖了航空、铁路及客运运输等交通方式。近些年来，高铁的建设和汽车公路运输建设快速发展。此外，随着绥芬河、五大连池、建三江3个支线机场通航后，黑龙江省机场总数达到14个，构成了密集的航线网络；再加上3个拟新布局的鹤岗、虎林和绥化支线机场，黑龙江省将形成一个四通八达的航空网络，以哈尔滨为核心，遍布全国，甚至国际一些主要城市。除了航空网以外，黑龙江省的公路交通也四通八达。哈尔滨作为黑龙江省的省会城市，位于黑龙江省公路网络中心，连接着大庆、齐齐哈尔、牡丹江、佳木斯等主要城市。目前黑龙江省公路总里程已经达到了67 791千米，公路的密度也达到了14.7千米/100平方千米；其中二级以上公路占13.3%。据资料统计，全省铁路总里程达到5300千米以上，由60多条主干线以及支线组成。黑龙江的交通路线路已经形成了密集的、立体式的交通网络。顺畅的交通网络给旅游出行带来越来越多的便利，出行方式也越来越安全，这为黑龙江的森林旅游发展提供了良好的基础。

7.2.1.5 人文优势

黑龙江省孕育了深厚的文化遗产，如第四纪冰川古迹恐龙发源地、莲花湖岸的汉代壁画等历史遗存；少数民族原有的生态文化遗产也是黑龙江省特有的人类文明，数据显示，全省共有 53 个少数民族，其中包括世代居住于本省的赫哲族、满族、蒙古族、回族、达斡尔族、锡伯族、朝鲜族、鄂伦春族、鄂温克族和柯尔克孜族 10 个少数民族。少数民族文化、北大荒文化、北方红色文化和石油文化等，凸显了黑龙江森林遗产的文化内涵和强大的文化优势。在灿烂文化背景下，涌现出了众多知名人物，如金代女真人完颜阿骨打，清代重臣纳兰明珠，"民国四大才女"之一、近现代知名女作家萧红，石油战线的"铁人"王进喜（图 7-5）。这些名人代表着黑龙江省的历史变迁，反映着在龙江大地上的人类发展与崛起。深厚的人文背景，为黑龙江省旅游产业带来深刻内涵，给旅游单纯的"游憩"赋予了更多功能，也使得旅游向着更高层次与更多需求的方向发展。

完颜阿骨打　　　　　　萧红　　　　　　王进喜

图 7-5　黑龙江省历史知名人物塑像

7.2.1.6 艺术优势

黑龙江省物华天宝、人杰地灵，多种文化背景下的传统艺术、工艺得以传承，如桦树皮工艺、鱼皮工艺、麦秸工艺、牛角工艺、亚麻工艺和刺绣工艺（图 7-6）。这些工艺被用于旅游纪念品、家居用品、服饰产品、装饰品的创意制作中，成为黑龙江省的一张名片，为地区经济做出了不可忽视的贡献。

桦树皮工艺制品

鱼皮工艺制品

麦秸工艺品

亚麻工艺品

牛角工艺品

刺绣工艺品

图 7-6 黑龙江省传统工艺品

7.2.1.7 美食文化

黑龙江省的多种文化酝酿出不同的美食，如打糕、泡菜、冷面、红肠、赫哲族生鱼片、坑烤、杀猪菜、锅包肉、糖葫芦、黏豆包等（图7-7）。这些都成为黑龙江省旅游业不可或缺的要素，也是人们旅游过程中的一大享受。黑龙江的美食享誉全国，这也是让全国人民乃至世界人民了解黑龙江的重要途径。

冷面

黏豆包

红肠

锅包肉

图 7-7　黑龙江省传统美食

7.2.2　产业转型契机

2016年5月23日至25日，习近平总书记在黑龙江省就贯彻落实"十三五"规划纲要、推动东北地区等老工业基地振兴发展的考察调研中指出，黑龙江调整产业结构任重道远，要重点做到产业结构优化，去产能、去库存、去杠杆、降成本、补短板。黑龙江省煤炭企业产能过剩，煤炭型城市鹤岗、鸡西、双鸭山、七台河面临艰巨的过渡转型，石油城大庆、林都伊春也面临着特殊的过渡时期。当前这些城市资源作用已经成为历史，经济继续发展需另辟蹊径。据统计，伊春市汤旺河区和五营区的国家森林公园森林旅游带来了极大经济效益，仅仅 2016 年这一年汤旺河的旅游收入达到 6000 万元。因此，黑龙江省的资源型城市要借着国家政策的"东风"快速转型，发展旅游经济是最快最高效的方式。

7.3 黑龙江省森林旅游发展存在的问题

黑龙江省国家森林公园数目众多，森林旅游经济虽然发展如火如荼，但仍存在着诸多问题与不足，主要体现在以下方面。

7.3.1 旅游产品市场细分不够

黑龙江省的森林旅游产品比较单一，定位缺少多样化、个性化，市场细分不够，旅游效用较低，不能完全满足旅游消费者的需求。黑龙江省的旅游产品分类还比较粗犷，虽然产品覆盖了所有类型，但是从单个旅游产品的开发来看还存在着层次低、无区域特色、互动体验性差、文化内涵浅、品质一般的缺点。多数地区的森林旅游产品开发区只是模仿、复制，没有创新，也没有从旅游消费者的实际需求出发。观光产品占据旅游产品的绝大部分，这是导致游客体验差的关键性因素。因为观光对旅游消费者来说是被动接受的过程，消费者更多希望获得互动体验与主动探索。对于一些森林文化产品的开发，同样没有进行深入挖掘，也没有反映出历史文化内涵，没有凸显北方特色的人文、历史、气候、风俗等特色，因此游客在游览过程中也没有获得环保、教育和深层次体验。

7.3.2 未形成整体品牌影响力

黑龙江省具有一些有影响力的品牌，如中国雪乡、亚布力滑雪场等，但品牌数量屈指可数，且这些地域性品牌初步建立后并没有形成合力，没有打造出"龙江旅游"的整体品牌。统一强势的品牌可以集中资源，"重拳出击"才能最大限度扩大影响力。黑龙江省的森林旅游如果不实行整体品牌战略，还持续着各景区各自为战的薄弱竞争态势，森林旅游则不能得到长足可持续发展。

7.3.3 乡村文化商业气息过重

黑龙江省的森林旅游开发尚不均衡，一些地区在开发过程中没有深入挖掘地方特色与文化内涵，没能体现出当地的风土人情；而另一些区域，森林旅游开发过度化、模式化，且商业化痕迹明显，使地方风俗丧失了原汁原味，甚至导致部分区域文化特征严重衰退和消失，这对传统文化的原真性保护与传承带来不利影响。在调研过程中发现，多数商家为了迎合游客现代化需求，将传统民俗节庆庸俗化、戏剧化、商品化，失去了淳朴民风的乡土气息与原真性，使乡村文化价值大打折扣。还有一些商户利欲熏心，欺诈和敲诈游客，给森林旅游带来极度不好印象。这些行为严重影响黑龙江旅游品牌和形象的建立。过度商业化使景区周边社区的经营秩序混乱，生活习惯改变，地域文化褪色，剩下的只有利益纠纷、浓重的商业气氛和扭曲的乡村文化与价值观。文化无法传承，是旅游发展的损失与悲哀。

7.3.4 旅游景区散点不成体系

森林旅游开发是生态、社会、经济甚至人类学知识的综合体，仅仅依赖短期大众化的旅游规划模式，很难实现保护与传承的目标。森林保护需要在整体区域进行考虑，同时也需要各个方面的协调与配合，包括区域间合作与部门间的协调。当今旅游业发展已经从过去的单纯考虑经济效益，向经济效益、社会效益、生态效益等综合效益转变。森林旅游是依赖自然资源和人文资源的综合产业，所以旅游开发过程中必须科学合理地规划，在合理利用的前提下加强保护。对于一个省域而言，更应该在区域背景的基础上进行综合、整体规划。

我国诸多省份开始了全域旅游开发。全域旅游：是指在一定区域内，以旅游业为基础优势，通过对区域内各种资源及相关产业、生态环境、公共服务、体制机制、地方政策法规、文明素质等，进行系统化与全方位优化提升，来达到区域资源有机整合、产业融合发展与社会共享、共建的目的，以旅游业带动和促进经济社会协调发展的一种新的区域协调发展理念和模式。2020年，黑龙江省政府颁布了《黑龙江省全域旅游发展总体规划（2020—2030年）》，黑龙江省全域旅游框架基本形成。但是仔细研读发布的线路，发现还是可以进行更多旅游产品线路的细分。黑龙江省四季分明，春季与秋季的旅游特色有待挖掘，不能将旅游限定为两季，而是应该拓宽到一年四季。

此外，黑龙江省的旅游景点建设都集中在每一"点"上，而忽略了连接"点"与"点"的"线"。黑龙江省的国家森林公园景区内部建设投入都很大、规划较好，但景区周边与景区之间的沿途风景不好，缺少绿化、装饰、造型等。沿途环境不优美，风格不统一，缺少整体设计，这样使旅游消费者在感受上大打折扣。国外的很多地区如欧洲，景区内外要求建筑风格统一，且对建筑翻修要求修旧如旧；在绿化、造型与装饰上也都有统一要求，既保留了原始韵味，又增加了现代风情，使旅游者在不同景区穿梭时也能感受风景，因为处处皆是风景，这样游客的景区体验也产生了协同感受。

7.3.5 旅游产品性价比较低

旅游产品在定位上需要考虑性价比与消费群体。黑龙江省的森林旅游主要是面向省内及国内的大众百姓，因此属于大众消费。而对于大众百姓来说价格敏感度比较高，价格高低会影响游客对旅游产品的选择，性价比是重要标准。

黑龙江省内一些景区消费与服务不成比例，性价比不高，如雪乡门票 80 元，马拉爬犁 198 元，雪地摩托 280 元等，这样的价格对普通百姓来说比较高，因此只能吸引省外游客，对省内游客吸引力不足，同时与价格相比服务并不到位，所以对于省外游客来说，性价比也不算高。除门票外，游客在景区内的吃住多为农家自营，价格很贵，服务不到位，导致旅游性价比不高。雪乡打造冬季品牌，忽略了夏季旅游，因此抱着"半年赚出一年钱"的思想，导致冬季旅游价格虚高、夏季旅游产品匮乏的现象，这也是东北地区众多景区出现的问题。

7.3.6 未形成统一监督管理体系

黑龙江省森林旅游尚处于初级发展阶段，政府对自身的定位还不明晰。目前个别地方政府对森林旅游业的发展存在一些错误态度：一是对企业过度干预，出台的种种规章制度、法律法规不符合当地实际情况，一些政策明显违背市场经济规律。主要原因是多数森林旅游开发项目是由政府牵头、出资甚至由政府直接管理，领导干预经营，用行政命令代替市场规律，更有个别干部利用权力将森林资源作为敛财手段，损害了当地旅游业发展。二是做法相反，就是"不作为"，完全不管，让企业自谋发展，没有为企业搭建平台，没有政策引导，没有相关部门监督，这种做法也会使森林旅游业停滞不前，缺乏发展动能。三就是个别政府部门间协调不到位，存在权力交叉、各自为政的现象。尤其是在利益面前，一些部门为了追求自身的利益最大化，而不与其他部门合作，从而导致管理冲突，或相互推诿责任。

7.3.7 国家森林公园旅游从业人员素质有待提高

旅游行业从业门槛较低，对人员素质要求不够严格。近些年，黑龙江省森林工和草原局组织多届导游培训班，组织企业参加文化和旅游部举办的管理人员培训班，多数国家森林公园也聘请高校旅游学院的教师对旅游从业人员进行授课培训，多数景区宾馆、酒店也都组织了岗位培训，人员素质有一定提高。但是景区内工作人员多数来自景区周边社区，受教育程度偏低，且培训都是针对中高管理层，底层员工很少有机会培训，所以服务质量还有待提高。黑龙江省的景区人员、导游人员、专业技术人员及宾馆酒店等服务人员，其素质与数量都无法满足当地旅游业发展的速度。森林旅游对导游素质要求高，导游既要了解专业知识，也要对林业生态、森林文化、人文地理及历史宗教知识有所掌握。但是目前的从业者并不能全面掌握知识，因此无法将知识准确传达给游客，甚至有些导游凭借主观臆断与道听途说为游客讲解，这样最终导致了黑龙江省旅游开发层次低、创意性差、体验性差。

7.3.8 森林景区住宿条件差

黑龙江省森林旅游住宿多以农家乐、民宿为主。一些民宿都是地方百姓私人经营，所以环境较简陋，卫生条件较差。有些只在狭小的房间摆设小床和桌子，没有其他物品。许多床上用品在客流高峰期间换洗不及时或不换洗，更不用说消毒杀菌了。一些山里的酒店与民宿相比条件相对好一点，但因为所处环境比较潮湿，房间内湿度较大，尤其在阴雨季节，床上用品都很潮湿，房间有时候会出现长霉现象；冬季时节如果供暖跟不上，房间就会比较阴冷，游客入住体验就非常差。

中国雪乡国家森林公园简称"雪乡"，近些年因其松厚的积雪美景吸引了全国各地游客，但是雪乡的问题层出不穷。除了出现消费价格过高"宰客"的问题，就是住宿问题。雪乡有星级宾馆但是接待能力有限，多数是靠地方民宿来解决住宿问题。去雪乡的游客大多数是跟旅行团出行，旅行社为了节约成本定的都是民宿。民宿是为了多赚钱，多接待游客，房间设施一般比较简陋。很多房间设置的是通铺，一个炕住好几个人，有些不认识的几家游客也要拼住，尴尬且不方便。房间采暖普遍都是火炕，炕烧得火热但屋内空气还是凉的，游客会感觉身上烫脑袋凉难以入睡；洗漱更是要去公共区域。这样的住宿环境很多游客的住宿体验都不好。虽然这是淳朴的民风和林区各家的生活方式，但是作为旅游接待还是要考虑到游客的舒适感受（图7-8）。

图 7-8 雪乡民宿

7.3.9 森林旅游资源过度开发

国家森林公园除了游憩功能外还包含生态、科研等功能，国家森林公园的建设也是秉持林业生态保护的目的。我国的国家森林公园建设是在森林资源急速减少的情况下进行的抢救性措施，黑龙江省的林业保护区与国家森林公园也是在这种情况下建设起来的。早期的乱砍滥伐已经使林业资源受到了严重破坏，林业资源的再生和自我修复需要长期的过程，在这种情况下进行森林旅游开发，势必会带来更多的影响。"边保护，边开发"的速度，不能适应地方经济的需求，因此一些地区急功近利，缺乏系统性规划，导致某些开发行为对森林资源产生破坏。森林资源的破坏，导致野生动物生存环境的丧失，野生动物的减少，进一步导致了生物多样性的严重下降。例如，在中国雪乡国家森林公园，森林的大幅度减少，使当地的微气候发生改变，从而导致降水量明显下降，冬季的降雪量相比过去也明显下降。长远来看，尽管天然保护工程和自然保护区的建立使森林资源一定程度上有所恢复，但寒冷的气候条件使处于寒温带的森林资源很难在短期内快速恢复，国家森林公园的资源保护工作道阻且长。

7.3.10　生态系统保护不力

生态系统是自然界在一定的空间内，生物与环境构成的统一整体。在这个统一整体中，生物与环境之间相互影响、相互制约，并在一定时期内处于相对稳定的动态平衡状态。人类的生存与发展不能脱离整个生态系统，因此，生态系统的保护是国家森林公园建设的重要目的。黑龙江省的生物多样性较高，野生动植物种类繁多，但是随着森林旅游的开发，野生动植物成为人们谋取利益的手段。偷猎盗猎现象屡禁不止，售卖野猪、野兔、狍子、林蛙等野生动物及其制品，给濒危物种保护带来了巨大威胁。黑龙江省在这部分监督与管理中还是存在很多盲区。

本章小结

本章深刻分析了黑龙江省国家公园森林旅游的发展现状，剖析了黑龙江省森林旅游发展具备的优势。黑龙江省国家森林公园、自然保护区较多，一些国家森林公园的森林旅游已经初具规模，但是深入分析后发现目前的森林生态旅游存在着诸多问题，本章总结的问题将在下面章节提出解决建议。

8 黑龙江省森林旅游经济发展的总体思路和对策

8.1 黑龙江省森林旅游发展原则

8.1.1 可持续旅游原则

可持续旅游是可持续发展理念的延伸，于1989年荷兰海牙召开的各国议会旅游大会上首次明确提出。随后，"地球90"国际大会于1990年在加拿大召开，会议首次明确了可持续旅游的基本理论框架，同时对它的目的进行了详细阐述。1992年，通过了《21世纪议程》《关于旅游业的21世纪议程——实现与环境相适宜的可持续发展》；联合国世界旅游组织和岛屿发展国际科学理事会于1995年4月在西班牙召开了可持续旅游发展的世界会议，并通过了《可持续旅游发展宪章》和《可持续旅游发展行动计划》。此次会议详细解释了旅游可持续发展的基本理论，提出了行为规范和程序，标志着可持续旅游理念的正式确立。世界旅游组织将可持续旅游定义为："可持续旅游是在维持文化完整性保持生态健康的同时，满足人们对经济社会和审美的需要，在为当代人提供生计的同时又能保护和增进后代人的利益，并为其提供同样的机会。"《可持续旅游发展宪章》指出，可持续旅游的实质是要求旅游发展与自然环境、人类生存环境以及人类文化融为一个整体，即旅游、资源与人类生存环境三者和谐统一，形成旅游产业与社会经济、资源及环境等良性协调的发展模式。黑龙江省的森林公园旅游要严格遵循此原则，这样才能更长久地利用森林资源、保护森林资源、改善人类生存环境。

8.1.2 凸显国家森林公园功能的原则

国家森林公园要同时具备游憩功能、生态保护功能、科学研究功能及森林旅游开发的衍生功能。我国在森林旅游发展过程中，尤其不能忽略生态保护功能。生态环境是人类赖以生存的环境，一旦破坏则需要漫长的恢复期，我国在生态保护中经过了多年努力，终于有所收效，但还要继续保持。黑龙江的森林生态环境在早期发展中遭到了不同程度的破坏，树木的乱砍滥伐及对野生动物的肆意捕杀，对黑龙江省森林生态圈产生了影响。因此，在未来发展中要严格遵循"边保护，边开发"的原则。另外，在森林旅游发展中应该充分发挥科学研究功能。黑龙江省的森林旅游开发，应该利用好森林公园中丰富的动植物资源，开发更多的科教旅游产品。

8.1.3 宜居宜游原则

旅游是美好生活的重要组成部分，是人们生活水平提高的象征。我们应把美好生活和旅游发展结合起来，培育休闲生活空间（休闲城市、休闲乡村、休闲公共空间等）和休闲氛围，打造主客共享的美好旅游目的地和美好生活地。通过发展旅游改善和美化生活环境，提高人们的精神文明追求。

8.2 资源城市向旅游城市转型策略

8.2.1 油城大庆的转型策略

大庆，别称"石油之城"，亦称"百湖之城"，是黑龙江省最重要的地级市，是国务院批复确定的我国重要的石油生产和石化工业基地。全市共辖5个市辖区、3个县、1个自治县，总面积22 161平方千米，常住人口320万，2020年实现地区生产总值2301.1亿元。大庆是中国服务外包示范城市、全国首批安全发展示范城市试点城市，获得全国文明城市、国家卫生城市、国家环境保护模范城市、国家园林城市、中国优秀生态旅游城市等多项殊荣，被誉为"绿色油化之都、天然百湖之城、北国温泉之乡"；也是中国最大的石油石化基地，中国第一、世界第十大油田大庆油田所在地；是一座以石油、石化为支柱产业的著名工业城市，是世界能源城市伙伴组织19个会员城市之一。大庆油田含油面积6000多平方千米，已探明石油地质储量67亿吨。2018年生产原油3204.4万吨、天然气43.4亿立方米。作为资源型城市，转型最好的方向就是搞活旅游经济，大庆自然条件好，开展冰雪体育、康养、文娱综合性旅游具备天然优势。

（1）"百湖"拉力赛。大庆之所以被誉为"百湖之城"，是因为其拥有172个天然湖水系，比较知名的如滨州湖、黎明湖、燕都湖、兰德湖、新华湖、乘风湖、明湖、黑鱼湖、青花湖、端水湖、燕子湖、连环湖、青马湖、莲花湖、三永湖、红旗湖、万宝湖、碧绿湖、锦湖、龙虎湖等。大庆在建设时期都是依水而建，因此这些湖泊多数都位于大庆市内，在人们生活的聚居区内，这也使大庆的城市生态环境较好，非常宜居。大庆冬季时间长，全部的湖泊结冰会形成天然冰场，这些场所都是开放式的，适合开展冰上游憩活动与体育运动，如冰壶、冰球、速滑、花样滑冰、冰车、冰上爬犁等冰上活动。

大庆地形以平原低地为主，地势北高南低，平原的地势空旷且平坦，适合开展雪地摩托拉力赛、雪地赛车等体育赛事。大庆现已建成赛车小镇，以动感与激情为主题，以汽车文化、旅游赛事、健康娱乐为主线，是集休闲度假、体育竞技、全民运动、汽车市场服务、商贸服务于一体的产业项目小镇。拥有种类和数量最多的国家级赛道群，自建成以来举办过多次顶级赛事，此外园区内具有强烈视觉冲击力的涂鸦，还获得了世界最大涂鸦艺术区的认证，超级屏幕的汽车影院给人们带来前所未有的震撼体验；生态菜园为渴望回归田园生活的人们找到归属感，是全国设施最完备、功能最齐全，业态最丰富、规模最宏大的产业融合示范小镇——大庆赛车小镇，见图 8-1。

图 8-1　大庆赛车小镇

（2）湿地垂钓游。大庆除了湖泊众多之外，还拥有大面积湿地，这是国家湿地公园建立所具备的得天独厚的条件。大庆龙凤湿地自然保护区位于黑龙江省大庆市龙凤区境内东南，是一处位于城区中的湿地，距离市中心仅 8 千米。地理坐标为东经 125°07′～125°15′，北纬 46°28′～46°32′，总面积约 50.5 平方千米。湿地素有"地球之肾"之称，龙凤湿地自然保护区处于城区之中，对调节区域气候、减洪防涝、调节雨水径流、降解污染物、美化城区环境，起到了不可替代的作用。龙凤湿地自然保护区地处中纬度地带，属温带大陆性季风气候区，四季明显，温差较大。年平均气温 4.5℃，极端最高气温 39.8℃，极端最低气温 -39.2℃。年均 4 月中下旬解冻开泡，11 月上旬结冰，无霜期 149 天，结冰期 176 天。年平均降水量为 435 毫米。保护区内地势低洼平坦，泡沼相间，自然坡降小于千分之一。土壤由草甸土和沼泽土组成，其中沼泽土是其主要的土壤类型，分布面积约占自然保护区总面积的 80%。据调查，区域内的鸟类共有 76 种，隶属 7 目，16 科。由于保护区以芦苇沼泽生境为主，所以鸟的种类中游禽和涉禽占绝大部分。其中国家 I 级保护鸟类 5 种，国家 II 级保护鸟类 19 种，省重点保护鸟类 19 种。代表性的鸟类有丹顶鹤、白鹤、白枕鹤、东方白鹳、大天鹅、小天鹅、灰鹤、罗纹鸭、青头潜鸭、雁鸭、黑翅高脚鹬、红嘴鸥、银鸥等。现已查明有维管束植物314种，隶属64科。可划分为草甸、沼泽和水生植被3个植被型，兼有药用植物、纤维植物、饲用植物等植物类群。主要有芦苇、狭叶香蒲、狭叶黑三棱、蒲公英、小叶樟、羊草、星星草、野古草等。利用如此优渥的自然资源，开展湿地游是事半功倍的。可以借鉴威尼斯的水上"贡多拉"设计游船，让游客在不破坏生态的前提下，深入湿地腹地进行深度游览，观赏风景的同时还能让游客认识很多珍贵的动植物，真正实现了国家公园的综合性功能，为打造国家湿地公园奠定了坚实基础。

保护区中有鱼类45种，隶属5目、10科。主要有鲤鱼、银鲫、鲶鱼、草鱼、泥鳅等。在国际享有盛誉的冬季钓鱼赛事也可以在大庆举办，因为大庆天然湖泊众多，鱼类丰富，冬季可以进行冬钓赛事（图8-2），条件可谓天时、地利、人和。发展特色冰钓产业可以作为大庆旅游产品中的重要项目。

图8-2　国际垂钓大赛

（3）建设大型主题游乐园。大庆地域面积广、人口密度低，适合建设类似"迪士尼乐园"的主题型国际公园。上海的迪士尼度假区占地3.9平方千米，大庆地域广袤，可以开辟出与之匹配的地方建设主题公园。另外一个迪士尼乐园在香港，从地理区位看这两个乐园都位于我国中南部地区，而东北地区没有吸引游客的大型乐园。因此，大庆在转型旅游发展过程中，可以考虑引入迪士尼乐园，或者打造中国自己的主题游乐园，结合中国特色与北方特色,打造出一个以"雪"为主题的大型游乐园,见图 8-3。

卡通主题乐园　　　　　　　海洋主题乐园

航空主题乐园　　　　　　　科幻主题乐园

恐龙主题乐园　　　　　　　历史主题乐园

田园主题乐园　　　　　　　影城主题乐园

图 8-3　主题乐园类型

（4）工业遗址游。1959年9月25日，中华人民共和国成立10周年大庆前夕，在东北松辽盆地陆相沉积中找到了工业性油流。1959年9月26日，在大庆市大同区北面高台子附近的"松基三井"喷出了工业油流，遂以"大庆"命名油田。1960年初，石油会战开始，4万多会战职工在短短三个月里，集中到这片只有几百户人家的大草原上，几万职工住在简陋的帐篷、牛棚、马厩里，几千台设备在草原上露天运转。从此这些不畏艰辛的石油人便创造了我国的奇迹，摘掉了我国贫油的帽子，"大庆精神"与"铁人精神"一直激励着我们奋斗。当年以王进喜为首的那些石油工人所奋斗过的遗迹，是历史的见证，也是激发后代奋力拼搏的动力。因此，大庆可以把早年的遗址作为工业遗址旅游的基础，让没有经历过石油会战的大庆年轻一代和我们国家其他地方的人们了解这段历史，铭记这段过程，把"大庆精神"与"铁人精神"传扬出去，工业遗址游会以一种震撼的、视觉冲击的方式给参观者留下深刻印象。

大庆油田石油会战的原生态遗址——干打垒，这个被称为具有时代标志性特征的地方，经2007年6月大庆市人大代表和政协委员建议，被市人民政府命名为"市级文物保护单位"。打出的第一口油井"松基三井"，也是遗址中的重要部分，还有众多遗址可以设计到工业遗址游览线路中（表8-1）。

表8-1 大庆市工业遗产（址）市级文物保护单位名单

序号	名称	地理位置	年份	隶属单位	备注
1	三老四严发源地——中四队	萨尔图区奔二村	1960	油田公司第一采油厂第三油矿	大庆市首批工业遗产（址）市级文物保护单位名单（2007-06-04）（庆政办发〔2007〕43号）
2	二号丛式井采油平台	萨尔图区油田南一区中部	1989	油田公司采油一厂第七油矿	同上

续表

序号	名称	地理位置	年份	隶属单位	备注
3	四个一样发源地——北1-5-65注水井	萨尔图区标杆三村南侧650米	1961	油田公司采油一厂第二油矿北八采油队	大庆市首批工业遗产（址）市级文物保护单位名单（2007-06-04）（庆政办发〔2007〕43号）
4	岗位责任制发源地——北二注水站	萨尔图区标杆三村北侧500米	1962	油田公司采油一厂第二油矿北八采油队	同上
5	中十六联合站	奔二村	1997	油田公司第一采油厂第三采油矿	同上
6	贝16作业区贝16井	内蒙古自治区呼伦贝尔盟新巴尔虎右旗贝尔乡西11.5千米	2002	油田公司呼伦贝尔分公司贝16作业区	同上
7	首车原油外运地——东油库	萨环东路西侧	1960	第一采油厂第七油矿	同上
8	南三油库	大同区林源镇	1968	油田公司储运销售分公司	同上
9	西油库	让胡路区西宾路	1961	油田公司储运销售分公司西油库	同上
10	庆深气田发现井——徐深1井	肇州县榆树乡董合屯西南0.5千米	2004	油田公司采气分公司	同上

8.2.2 其他资源型城市转型策略

黑龙江省煤炭型城市鹤岗、鸡西、双鸭山、七台河，均可以通过大力发展旅游产业转型。这些城市总体特征都是山川秀丽，都具备天然的旅游条件。黑龙江省要利用"去产能、去杠杆"的契机，更好地进行资源城市的建设，早期更多关注的是城市的工业产能，现在可以将重心转变为更好的城市规划与旅游经济发展。黑龙江省要打造全域、一体化、系统化的旅游产品与旅游服务，通过旅游产业拉动经济，走出老工业基地落后的阴影。

鸡西除了有丰富的矿产之外还有丰富的自然资源。鸡西市地处乌苏里江水系，境内62条主要河流大多数为乌苏里江一、二、三级支流。境内最大河流穆棱河，境内流径长502千米。鸡西市野生资源比较丰富，药材上百种，山产品300余种，蕨菜、薇菜等闻名中外。有虎、熊、鹿、貂、狍等39种野生动物繁衍生息；鱼类65种，其中翘嘴红鲌（大白鱼）为中国四大淡水名鱼之一；鸟类180多种，其中国家一级保护鸟类4种：丹顶鹤、东方白鹳、白尾海雕、金雕；植物460多种，其中国家二级植物9种：兴凯松、兴安桧、野大豆等。鸡西市旅游景点星罗棋布，集雄、奇、秀于一身，冰雪、湖泊、湿地、森林、古墓遗址等特色旅游资源丰富。最具特色的有烟波浩渺、气势磅礴的北国绿宝石——兴凯湖。鸡西具有发展生态旅游、边境游、跨国游的基础条件。

七台河拥有AAA级的西大圈森林公园、青松岭、石龙山、桃山湖等名山大川；鹤岗有龙江三峡国家森林公园、萝北名山景区、鹤岗国家森林公园等；自然条件与生态条件优渥，适合开发森林旅游项目。

双鸭山市旅游资源丰富，拥有国家著名景区，也是中国最主要的湿地保护区之一。而双鸭山更著名的是历史遗址，它是汉魏历史与文化的传承。双鸭山市现有全国重点文物保护单位2处，共计保护117处单体遗址。一是宝清县"隋代雁窝岛城址"，二是"三江平原汉魏遗址"，保护了市区的仁合遗址群；集贤县的滚兔岭城址、东辉城址；友谊县的凤林城址、兴隆山遗址群、长胜遗址群；宝清县的炮台山城址、青龙山城址、民富遗址群。共116处城址、聚落址、祭坛址。开发历史遗迹游览，让更多人了解这片土地昔日的辉煌，更多了解我国历史的变迁。

8.3 打造全域旅游产品线

全域旅游是区域资源有机结合、产业融合发展的综合产物，以旅游业为基础优势，通过对区域内各种资源及相关产业、生态环境、公共服务、体制机制、地方政策法规、文明素质等进行系统化与全方位优化提升来达到社会共享、共建的目的，是一套系统工程。2020年9月，黑龙江省出台了《黑龙江省全域旅游发展总体规划（2020—2030年）》，意将黑龙江打造成为国际冰雪旅游度假胜地、中国生态康养旅游目的地、中国自驾和户外运动旅游目的地；设计了"优先发展冰雪旅游、生态旅游、户外运动三大全谱系旅游产品"等全域旅游产品战略，谋划一、二、三级旅游枢纽城市的空间结构布局，策划建设7条主题旅游廊道，改善13条重点旅游交通链接，打造"必到必游"25个重要节点，形成全省点、线、面、网全域旅游发展新格局。通过仔细研读该规划发现，提出的战略部署中仍还有很多细节可以深入探讨。

8.3.1 提升"四季游"理念

黑龙江省的森林全域旅游规划提出了"围绕'北国好风光，尽在黑龙江'旅游品牌，以五大连池、镜泊湖、伊春森林等为代表的"凉爽夏季"和哈尔滨冰雪大世界、亚布力滑雪旅游度假区、中国雪乡、北极村等为代表的"冰爽冬季"两大品牌旅游产品日趋成熟，知名度不断提高"。黑龙江省一年四季分明，夏季与冬季时间长，特色突出，在现有规划中围绕"夏""冬"两大季节推出了较好的全域旅游规划，但是对"春""秋"两季的全域旅游产品开发有限。应该将两季旅游拓展为"四季旅游"，通过建立全域旅游特色产品使黑龙江省的旅游没有淡季，而都是旺季。

8.3.1.1 开发"春季全域研学旅游"产品线

黑龙江省植物种类繁多，春季正是万物复苏的时节，这个季节可以推出系列的研学旅游线路。国家森林公园中丰富的动植物大多游客都不认识，可以通过开辟的研学旅游线路，让更多的游客了解大自然；专业的生态研究的学者也可以通过研学旅游线路更好地进行科研与教学活动。黑龙江省的国家森林公园类型很多，除了森林景观的公园外还有湿地公园、地质公园等。黑龙江省开辟的现有旅游线路，多数是以游览为目的，游客只是浏览、游憩，并没有对公园本身的自然、地理、生态等专业方面进行充分学习与了解；做相关研究的学者很难从旅游中获得研究的数据或内容，相关专业的学生也不能从旅游中获得更多的专业知识。

此外，黑龙江省是多民族的聚集地，蕴含着不同的文化与历史。黑龙江的很多本地居民对本省的民族文化与历史都不了解，更不用说我国其他省份的人。欲使黑龙江的旅游深入人心，不仅要用优美的景色来吸引游客，更要通过精神传承与文化洗礼来吸引游客。大庆精神、石油精神、多民族文化与历史研学游，相信一定会吸引很多本地游客来参加，同时也能在相对淡季的时候吸引外地游客来黑龙江旅游。

黑龙江省可以打造研学游线路，把时间较短的春季打造成研学之旅的主题季节，延长黑龙江省的旅游旺季。

8.3.1.2　开发"秋季"旅游产品路线

黑龙江省作为农业大省，秋季是农产品丰收的季节，旅游线路可以设计出互动体验类的"采摘游"。秋季秋高气爽、温度适宜，比较适合户外活动，黑龙江省可以设计出采摘游路线，包括瓜果采摘、野菜采摘、苞米等农作物采摘，这些采摘游可以更多地吸引本地游客，以本地游为主来填补短暂的秋季旅游淡季。

8.3.2　提升"文化游"理念

黑龙江的森林旅游产业要把黑龙江的精神、文化与历史进行更深层的渗透，除打造经典的森林公园自然风景旅游线路外，要把音乐、娱乐、舞蹈、新媒体等多方面元素融入其中。例如，中国最具影响力的导演张艺谋携手王潮歌、樊跃共同执导的"印象"系列的大型实景演出，给游客带来了视觉与文化上的饕餮盛宴，让游客不但了解了地方文化与历史背景，更感受到了艺术的浸润，使旅游体验更加丰富且深刻。另外，每年在北京市通州运河公园举办的"草莓音乐节"，会吸引成千上万的年轻人来参加，也通过音乐节吸引了越来越多的游客。黑龙江省也可以打造类似这样的文娱节日和品牌，或者直接引入这些做得比较成熟的品牌来吸引游客，或者把它作为引流的手段。

黑龙江省也可以建设一些博物馆，像成都大熊猫博物馆、自贡恐龙博物馆、上海可口可乐博物馆、秦腔博物馆（兰州、西安）、中国煤炭博物馆（大同）、刀剪剑伞博物馆（杭州）。目前黑龙江已有的大庆铁人纪念馆设施完备，萧红故居也具备一定的博物馆功能，还可以考虑建设更多的历史、文化博物馆，或者可以考虑建设特色主题博物馆，像韩国济州岛的泰迪熊博物馆、首尔手办博物馆、日本的东京动漫博物馆、横滨拉面博物馆等（图8-4）。

图 8-4　主题博物馆

8.4　创新旅游产品线

黑龙江省应该在适合旅游开发的区域内，立足地域特色，充分利用

"旅游+"的手段，实现有针对性的产品创新。森林旅游产品创新应根据市场定位进行细分，使旅游产品更加多样化、个性化，满足各个层面的旅游消费者需求。例如，按森林旅游产品功能可分为：森林生态观光游、森林健康度假游、森林探险游、森林科普游、森林冰雪游、森林产业观光游、森林文化游、森林婚纱外景游等；按照顾客群体可划分为：中小学生的森林科普游、青年游客的森林探险游、中年游客的森林健康度假游，高消费游客的森林豪华游、中等消费游客的舒适游、低消费游客的自助游等。个性化、定制化旅游是未来旅游趋势，可以通过特色酒店来吸引游客，提升旅游档次，如开办森林木屋酒店、冰屋酒店、森林雪地温泉酒店等；也可以通过特色的户外活动来吸引游客，如森林野外生存训练、森林探险等；还可以通过设计游览方式来打造特色旅游，也可以开发类似瑞士金色山口列车的观光列车，打造全景旅游专列，或者冬季利用雪地摩托、雪上爬犁作为特色游览工具，打造具备住宿、娱乐、观赏功能的特色线路等（图8-5）。

森林木屋酒店　　　　　　　　　冰屋酒店

雪地温泉酒店　　　　　　　　　瑞士金色山口列车

图8-5　创新旅游产品

8.5 加大新媒体宣传力度

新媒体被视为新技术的产物，数字化、多媒体、网络等最新技术均是新媒体出现的必备条件。新媒体的诞生使媒介传播的形态发生了翻天覆地的改变，诸如地铁阅读、写字楼大屏幕等，都是将传统媒体的传播内容移植到了全新的传播空间。新媒体的定义分为广义与狭义，广义的新媒体包括两类：一类指基于技术进步引起的媒体形态的变革，尤其是基于无线通信技术和网络技术出现的媒体形态，如数字电视、IPTV（交互式网络电视）、手机终端等；另一类是随着人们生活方式的转变，以前已经存在，现在才被应用于信息传播的载体，如楼宇电视、车载电视等。狭义的新媒体仅指第一类，即基于技术进步而产生的媒体形态。人们熟知的"抖音""快手"等短视频自媒体，属于新媒体的一种形式，在现今社会越来越盛行，从中打造了很多知名"主播"，企业也利用这种形式进行直播带货、线上销售。这些自媒体虽然是为个体提供信息生产、积累、共享、传播内容兼具私密性和公开性的信息传播方式，但是也大大影响了人们的观念。

黑龙江省的森林旅游发展可以利用新媒体手段进行线上大力推广，可以与知名的博主合作，来大力推行该省的旅游产品线路。

8.6 加大监督评价力度

监督管理在什么时候都是必需的，黑龙江省森林公园森林旅游发展需要责任感强的监督机构来把关，从价格到品质到服务到消费体验，应该设有专门部门负责监督管理和评价反馈，在这个过程中才能及时发现问题，并快速地、有针对性地解决问题，这样才能成为一个闭合的良性循环，同时，对旅行社、饭店、家庭旅馆、酒店等企业进行监督，保证整个森林旅游全过程的环保、生态和健康性，提高企业的环保意识，开展绿色产品营销。

8.6.1 评价指标体系构建的原则

（1）科学性原则。对森林旅游生态系统是否健康的评价，要遵循科学性原则，指标选取中体现生态学特点、森林旅游特点以及管理学特点，这样选取的指标才更全面。

（2）可操作性原则。所选指标要保证可以获取相应的数据，有相应的研究方法对应。

（3）系统性原则。指标选择不能重复，但要覆盖到系统各个方面，充分体现出压力子系统、状态子系统和响应子系统的各部分特点。

（4）定量与定性相结合等原则。指标在设计中要注意定量指标与定性指标结合。定性指标是不能直接量化而需通过其他途径实现量化的评估指标，但是能够反映出事物的多个维度；定量指标是可以准确数量定义、精确衡量并能设定绩效目标的考核指标，所以指标选择中要遵循定量定性相结合的原则。

8.6.2 旅游生态健康评价指标体系

旅游生态健康是指旅游地生态系统是稳定的、有活力的及可持续的，能够维持其组织结构，可以生产旅游产品和服务，并满足旅游地持续发展的需求，在受到包括人类旅游活动在内的干扰后能够在一段时间内自动恢复过来。多数学者运用"压力—状态—响应"模型来清晰反映人类活动与自然因素对旅游地生态系统施加压力后导致的生态系统健康变化状况。旅游地生态系统的调节与恢复机制和人类对生态系统变化做出的响应，可以相对客观地表达"压力""状态""响应"之间的相互关系，还能科学地描述生态系统的内部机理和变化过程。生态健康的"压力"是人类旅游活动和当地社区的社会经济活动对旅游生态健康造成的，"状态"是旅游地生态系统在目前压力之下表现出的健康状态，"响应"是指为了维护旅游生态系统健康而采取的对策与措施。本书参考了多数学者的指标体系，给出了基于"压力—状态—响应"模型的自然保护区旅游生态健康评价指标体系，见表 8-2。

表 8-2 旅游生态健康评价指标体系

子系统 A	指标 B
A1 压力子系统	B1 游客增长率 /%
	B2 旅游收入增长率 /%
	B3 旅游项目建设强度
	B4 旅游环境容量
	B5 旅游空间拓展程度
	B6 森林资源开发强度
	B7 外来入侵物种 / 个
	B8 自然灾害频率
	B9 社区人口增长率 /%
	B10 社区垃圾产生量 /（t/a）
	B11 社区废水排放量 /（t/a）
A2 状态子系统	B12 生物多样性
	B13 森林覆盖率 /%
	B14 地表水质量
	B15 大气环境质量
	B16 土壤环境质量
	B17 环境噪声达标区比例 /%
	B18 旅游景观多样性指数
	B19 适游期 / 天
	B20 游客环境满意度 /%
	B21 游客消费水平 /（元 / 天）
	B22 旅游市场知名度

续表

子系统 A	指标 B
A3 响应子系统	B23 旅游环保投入力度
	B24 生活污水处理率 /%
	B25 旅游垃圾无害化处理率 /%
	B26 生态设施建设力度
	B27 旅游生态环境管理水平
	B28 社区生态意识
	B29 旅游企业的环保意识
	B30 游客环保意识
	B31 环保政策完善程度
	B32 政府监管力度

本章小结

本章为黑龙江省森林生态旅游发展提出了总体思路和对策，提出了黑龙江省资源城市向旅游城市转型的策略。大庆、七台河、齐齐哈尔、鸡西等城市都具备得天独厚的自然资源，适合进行生态旅游。这些城市由于资源枯竭、经济落后，要开辟出一条新的致富之路，通过大力发展旅游改变经济落后的局面。黑龙江全省要打造全域旅游产品线，把省内各大景点串联起来，形成多个不同特色的旅游线路，使黑龙江省的旅游以点成线，以线成面，形成全省境域覆盖的旅游网络；创新旅游产品线，展现黑龙江的多民族、多文化的背景，通过加大新媒体宣传力度来传扬黑龙江省的"四大精神"；最后加大监督评价力度，使黑龙江省的森林生态旅游有品质、有口碑。

9 黑龙江省旅游纪念品开发策略

9.1 旅游纪念品开发的意义

旅游纪念品已经成为判断人们是否完成一次较为完整的旅程的要素，旅行者通过对纪念品的收藏与转赠，使旅游经历的地域文化与风土人情得到传播与了解。它是旅游产业的重要元素之一，旅游纪念品战略布局是否全面立体，会直接影响旅游产业的总体发展。黑龙江省的旅游产业蓬勃发展，旅游纪念品作为赋予地域特色及地域文化的载体，是黑龙江省的"新名片"，更是黑龙江省经济发展的新动力。本书通过对黑龙江省旅游产业发展的现状进行剖析，深挖旅游纪念品开发短板，融合黑龙江省的北大荒精神、抗联精神、大庆精神、铁人精神及多民族文化精神，对旅游产品系列进行多层次、多维度、全方位地深度市场细分，形成旅游纪念品多维系列，使旅游纪念品成为全国人民了解黑龙江的媒介，成为我省推动旅游产业发展的核心动力。本部分研究的意义有如下几方面。

（1）通过对黑龙江气候特色分类，提出具有代表性的森林文化旅游纪念品与冰雪文化旅游纪念品的设计研究，通过地域文化特色提出具有文化内涵设计研究，为未来的黑龙江文体旅游纪念品的全面开发提供借鉴。

（2）进一步树立黑龙江避暑胜地与冰雪旅游品牌形象，发挥地方特色文化宣传作用，继续加强旅游文化建设与地方文化传播。由此带来的影响，对黑龙江文体、康养旅游综合产业链的全面发展起着重要作用。

（3）设计黑龙江旅游纪念品的过程中，黑龙江地域文化和市场需求都是重要影响因素。在把握地域特色、文化内涵的同时，以市场需求为导向，以消费者心理为依据，认真加强对黑龙江文化特色和资源的调查研究，找出游客的内在需求，明确市场需求，实现设计师与用户需求的对接。

（4）通过对旅游纪念品的深度市场细分及全方位开发，挖掘黑龙江省经济发展潜力，打造黑龙江省经济发展新亮点。

9.2　旅游纪念品开发思路

黑龙江省旅游纪念品开发要以旅游纪念品为媒介，凸显十大城市的地域特色，传播黑龙江省蕴含着的"四大精神"。产品设计是多层次、多维度、全方位的战略布局，通过四层细分市场最终形成详细的产品系列。通过分析旅游消费者购买旅游纪念品的动机，基于消费行为学与消费心理学，通过层层递进的结构，进行纵向深度市场细分。产品设计以全省各大城市基于季节特色、年代人物、艺术工艺、地域文化四大板块的产品布局，再结合感官功能从听、说、读、写等方面深度细分，再以平面、立体结构细分设计，形成完整的全方位产品系列。黑龙江省是人杰地灵之地，拥有得天独厚的自然资源与生态资源，气候特色明显，孕育了十多个世代久居的少数民族，拥有九个非物质文化遗产，这片土地凝结着世代人的智慧与技艺。通过设计有形的旅游纪念品，来体现黑龙江省的"魂"，传播龙江人的精神。

旅游纪念品要突出黑龙江省的地域特色、气候特点、少数民族文化、手工技艺与"四大精神"，设计多层次、多维度、全方位的旅游产品系列线。以城市维度、四大板块、感官功能与空间结构为四层深入细分市场，最终形成具有科技性、创新性、传承性、个性化、定制化的旅游纪念品系列。如在季节特色板块中设计的"旅游手账"，是以全省各大城市为系列，将每个城市中的网红景点以"打卡"形式设计，包含照片栏、旅游日记栏、印章栏，每参观一个景点后可以获得一枚印章或旅游勋章，集齐全部景点的游客可以获得"黑龙江省旅游大使"的称号与证书，可以再配赠免费旅游券给亲属和朋友，能够让游客成为我们的旅游传播媒介，介绍更多的身边人来旅游。设计的另外一款互动型旅游纪念品，是一种结合高科技的小机器人"小龙"，让机器人具有一定的互动与交流功能，类似百度与小米音箱那种，可以与消费者互动。还有就是点读册，将龙江的山川美景、自然风光、名胜之地、历史人物等简介用"声音＋图片"形式形成新的听读模式画册，画册可做成平面或立体的，这样年龄小的游客可以在娱乐中了解了黑龙江。图9-1为旅游产品开发思维导图。

9 黑龙江省旅游纪念品开发策略 | 139

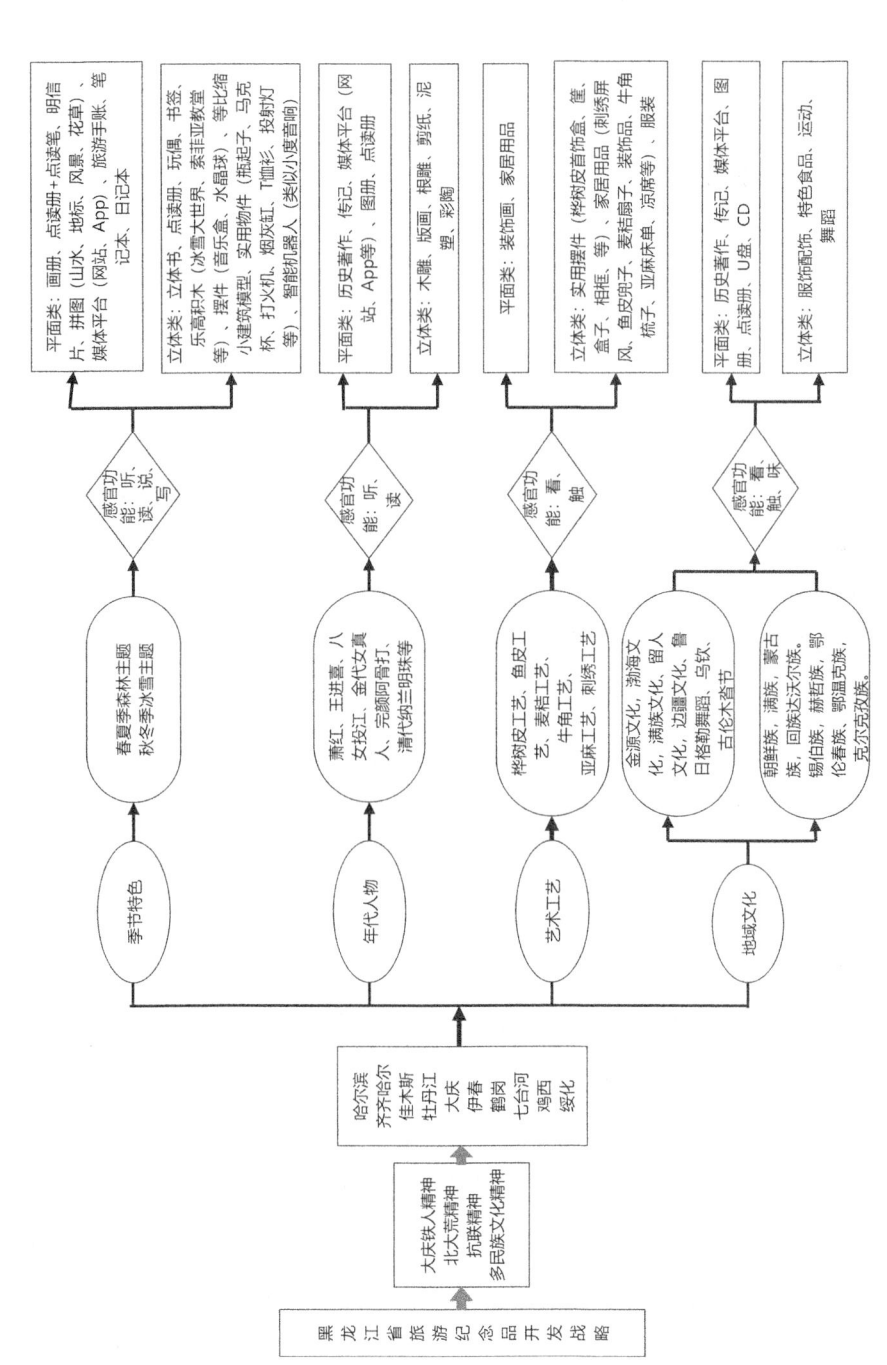

图 9-1 旅游产品开发思维导图

10 结论与展望

10.1 主要结论

围绕国家森林公园的长足发展与森林旅旅游业在经济结构中的重要转型，本书进行了国家森林公园森旅旅游发展的优化策略研究。要研究这个大命题需要明确几个小方向：①国家森林公园的特点、内涵及相关理论；②影响国家森林公园森林旅游发展的关键点，即利益相关者的诉求以及如何协调利益相关者的关系；③国家森林公园林旅游发展利益相关者责权利关系协调策略；④国家森林公园森林旅游产业发展的具体战略；⑤黑龙江省国家森林公园森林旅游产业发展的具体战略。

本书遵循"提出问题—分析问题—解决问题"的逻辑思想，采用规范分析的方法对上述问题进行分解剖析，得出如下重要结论。

（1）国家森林公园的多功能属性。国家森林公园的内涵与外延已经超出了原有"公园"的单一功能与含义，新时期的国家森林公园要求在原始游憩功能的基础上增加了生态保护、教育传播、科学研究等重要功能。

（2）国家森林公园利益相关者的矛盾与利益诉求。国家森林公园的利益相关者众多，经过专家筛选发现国家森林公园森林旅游的重要参与者包括政府、投营者、员工、游客、周边社区、专家学者，这些参与者之间有自己的利益诉求，这些利益关系存在矛盾冲突，因此构建了两两博弈，找到可以协调关系的均衡解。

（3）责权利关系协调策略。国家森林公园的森林旅游产业要发展的首要问题就是平衡好各方利益主体的关系，本书给出了在均衡状态下保障各方利益主体最大化利益的方法。研究明确了政府作为林业资源所有者具有产权排他性，在这个根本基础上再判定使用权与经营权归属，以及在此根本上创新森林资源所有制，建立了利益协调机制。

（4）国家森林公园森林旅游产业发展优化策略。首先要明确政府的规划、政策、创新与资金等方面的主导功能，在此主导功能下大力开发和创新旅游产品以满足旅游消费者的个性化需求；其次要做到控制好森林旅游的负外部效应，将破坏生态环境的行为扼杀在萌芽状态；最后通过完善国家森林公园森林旅游相关法律法规达到规范与控制的目的，形成一套完善的、科学的、有中国特色的国家公园体制。

（5）黑龙江省森林旅游发展需要通过资源城市转型、打造全域旅游产品线，创新旅游产品线，加大新媒体宣传力度，加大监督评价力度等手段，使黑龙江省森林生态旅游得到可持续发展。

（6）黑龙江省的旅游纪念品开发是森林旅游经济的重要组成部分，通过旅游纪念品获得经济收益的同时，还能传扬黑龙江的精神与文化，并增强游客的旅游感受。

10.2　本书创新点

（1）新视角研究国家森林公园的森林旅游发展。本书研究国家森林公园森林旅游发展问题时，将大问题分解，找到关键突破口，即影响国家森林公园森林旅游发展的主体众多，彼此的利益诉求不同且存在一定的利益冲突与矛盾，那么解决这个矛盾关键问题就迎刃而解。本书通过协调国家森林公园利益相关者间的关系来找到发展森林旅游的办法。

（2）国家森林公园利益相关者博弈。本书采用了德尔菲法对国家森林公园利益相关者进行了科学筛选，在此基础上建立了参与主体间的利益博弈模型，包括政府与投营者静态与动态博弈模型、国家森林公园投营者与周边社区博弈模型、投营者、周边社区与游客三方博弈理论模型，投营者与专家学者的博弈理论模型。

（3）国家森林公园森林旅游发展的优化策略。本书提出了利益相关者关系协调优化策略，从权责利角度进行了详细剖析；并从政府主导功能、森林旅游产品、控制负外部性影响、相关法律法规和国家公园体制方面，提出了国家森林公园森林旅游产业发展优化策略。

（4）为黑龙江省的森林旅游经济发展献计献策，为省内众多资源型城市转型提出出路，并给出了具体可行的发展策略，为黑龙江省的森林生态旅游可持续发展提供理论与实践的支持。

10.3　未来研究的问题

国家森林公园作为国家公园体制发展的一部分还有许多问题需要进一步研究。

（1）多学科研究视角。对于国家森林公园的研究可以结合不同学科、领域进行深入探讨，如社会学、政治学、行为心理学等，从多学科角度可以发现国家森林公园发展中的问题，为我国国家公园体制建设提出思路与借鉴。

（2）拓宽研究深度与广度。本书仅局限于参与国家森林公园建设的重要利益相关者，在未来的研究中可以将广度拓宽；对国家森林公园周边社区的研究还有很多可做的研究，还需要深入进行。

（3）多角度研究。对国家森林公园的研究可从更多角度进行，这样对国家森林公园的理解才更透彻。对森林旅游发展也可从多视角入手，可以从国家森林公园生态治理角度，国家森林公园人文景观设计的角度，对我国合理开发森林资源做出理论贡献。

附　　录

附录1　国家森林公园利益相关者专家咨询问卷

尊敬的专家：

您好！本人是东北农业大学农林经济管理博士后流动站教师，此次问卷调查的目的是对森林公园利益相关者的研究。我国的"森林公园"与欧美国家的"国家公园"具有相近的含义，依据世界自然保护联盟（IUCN）对国家公园的定义，国家公园已经超出简单的公园称谓，而是成为一套系统的管理体制，我国目前也根据国际惯例建立国家公园体制。森林公园是以森林为背景的国家公园，具有游憩、自然保护、生态教育、科学研究等功能，它的发展与其利益相关者影响相互影响。请您从森林旅游发展的角度，选出影响森林公园发展的主要相关者。同意入选的在格中画"√"，不同意的请简述理由。结果只用于本研究使用，对您的帮助十分感谢！

	利益相关主体	同意入选	不同意，简述理由
1	中央政府		
2	地方政府		
3	投资商		
4	游客		
5	公园员工（管理者与普通员工）		
6	公园周边社区居民		
7	旅行社		
8	供应商		
9	文化和旅游部及地方相关部门		
10	国家市场监督管理总局及地方相关部门		
11	国家林业和草原局及地方相关部门		
12	国家税务总局及地方税务局		

续表

	利益相关主体	同意入选	不同意，简述理由
13	相邻景区投资者		
14	专家学者（科研人员、咨询专家）		
15	非政府组织（环保组织）		
16	国家森林公园行业协会		
17	志愿者		
18	新闻媒体		
19	交通运输公司等旅游企业		
20	社会大众		

其他：（补充没提到但您认为应该包含在内的利益相关者）

附录 2　国家森林公园员工调查问卷

尊敬的森林公园员工：

您好！本人是东北农业大学农林经济管理博士后流动站教师，现进行一项关于我国国家森林公园利益相关者研究的工作。希望您在百忙之中填写如下问卷，调查不记名，数据只用于本次研究，您的回答对研究有着重要意义和重大帮助，请您认真填写，对您的帮助表示万分感激，有机会定当面拜谢！

1. 您的职务：（1）高层领导（2）中层管理者
　　　　　　（3）一般员工（4）其他：
2. 您的年龄阶段：（1）20 岁以下（2）21～30 岁（3）31～40 岁
　　　　　　　　（4）41～50 岁（5）51 岁以上
3. 您的收入水平：（1）1000 元以下　（2）1000～1500 元
　　　　　　　　（3）1500～2000 元（4）2000～2500 元
　　　　　　　　（5）2500 元以上
4. 性别：（1）男性（2）女性
5. 您对现在的工作是否满意：（1）很满意（2）满意（3）一般
　　　　　　　　　　　　　（4）不满意（5）很不满意
6. 本公园所处阶段：（1）尚未开发（2）开始建设（3）试营业
　　　　　　　　　（4）已开放，还需大力建设（5）已经完全开放
7. 公园的经营方式：（1）国有经营（2）承包经营（3）租赁经营
　　　　　　　　　（4）股份合作（5）外商投资（6）其他：
8. 以下有关影响本公园旅游发展的因素表达，请"√"出您的同意程度。

	很反对 1	反对 2	一般 3	同意 4	很同意 5
大大增加公园收入					
大大缓解职工就业压力					
更好保护林业和生态环境					
带动周围社区居民收入与就业					
促进地方经济发展					
改善周围社区生存环境（基础设施改善）					
促进本单位其他业务发展					
员工及社区居民素质显著提高					
有助于生态及环保科研工作开展					

9. 贵公园周边范围是否有社区居民居住？（1）没有（2）有，约＿＿户，约＿＿人。

10. 社区居民参与的工作：（1）提供餐饮（2）提供住宿（3）开商店

（4）出售特产（5）搞运输（6）当导游

（7）景区内工作人员

11. 对公园发展主要的影响部门（排序）：

（1）国家林业和草原局（2）生态环境部（3）国家税务总局

（4）交通运输部（5）国家市场监督管理总局（6）财政部

（7）应急管理部消防救援局（8）水利部（9）工业和信息化部

（10）商务厅（11）公安部（12）自然资源局

其他：

12. 旅游交通情况：（1）无公交车（2）有公交车但车次少

（3）有专线接送车（4）交通顺畅适合自驾

（5）其他：＿＿＿＿＿＿

13. 您认为公园管理者的利益诉求是什么：

（1）高薪（2）稳定工作（3）提升自己的人力资本（4）较高社会地位

（5）良好的公园形象（6）晋升职位（7）为员工谋取最大福利

（8）社会责任（9）公园的长期可持续发展（10）上级信任

14. 您认为公园员工的利益诉求是什么：

（1）更高的工资（2）稳定的工作（3）更好的福利待遇

（4）良好的工作条件（5）积累工作经验（6）有升职空间

（7）融洽的工作气氛和人际关系（8）公园内下一代的工作机会

（9）公园的可持续发展（10）上级信任（11）自我价值体现

15. 与周边景区或其他公园的关系：（1）密切合作（2）少量合作

（3）没有合作（4）其他：

16. 公园激励员工的措施：（1）提高工资（2）提高奖金（3）提高职位

（4）提供培训（5）安排子女工作

（6）违者处罚

其他：

17. 员工利益诉求实现的方式有：（1）积极与领导沟通

（2）依靠工会、职代会（3）参与管理

（4）依靠法律（5）依靠媒体

其他：

18. 您的利益要求：（1）完全实现了（2）基本实现了（3）中度实现

（4）基本没实现（5）完全没实现

19. 对待游客的态度：（1）尽量满足游客，态度和蔼可亲

（2）有限制满足游客，态度一般

（3）把游客吸引来就行，态度冷漠（4）其他：

20. 对国家森林公园利益相关者的分析评价问卷中，对下述利益相关者的评价以数字1~5来表示，数字越大表示在这方面的影响程度越高，请根据您的判断选出相应数字。

森林公园利益相关者	影响性（该群体是否拥有影响森林公园决策的地位、能力和相应手段）					反应性（该群体的要求是否能立即引起公园管理层的关注）				
中央政府	1	2	3	4	5	1	2	3	4	5
地方政府	1	2	3	4	5	1	2	3	4	5
游客	1	2	3	4	5	1	2	3	4	5
投资商	1	2	3	4	5	1	2	3	4	5
社区居民	1	2	3	4	5	1	2	3	4	5
员工	1	2	3	4	5	1	2	3	4	5
新闻媒体	1	2	3	4	5	1	2	3	4	5
相关机构或部门	1	2	3	4	5	1	2	3	4	5
社会公众	1	2	3	4	5	1	2	3	4	5

21. 你对公园经营管理的意见与建议：

感谢您的大力支持，祝您工作顺利，健康幸福！

附录3 国家森林公园游客调查问卷

尊敬的游客：

您好！本人是东北农业大学农林经济管理博士后流动站教师，现进行一项关于我国森林公园利益相关者研究的工作。希望您在百忙之中填写如下问卷，调查不记名，数据只用于本次研究，您的回答对研究有着重要意义和重大帮助，请您认真填写，对您的帮助表示万分感激！

1.您的性别：（1）男（2）女

2.您的年龄段：（1）24岁及以下（2）25~44岁（3）45~64岁
（4）65岁及以上

3.您本次到景区的方式：（1）自助旅游（2）跟随旅行团（3）单位组织

4.您来本景区的交通工具是：（1）公交车或班车（2）自驾（3）旅行社车辆（4）摩托车（5）租车（6）其他：

5.您了解该景区的渠道：（1）报纸杂志（2）网络（3）朋友推荐（4）旅行社宣传（5）广播电视（6）其他：

6.您认为影响到旅游景区游览的主要因素，程度由高到低请"√"您的选择：

影响到旅游景区游览的主要因素	影响重大 5	影响较大 4	影响一般 3	没太大影响 2	完全没影响 1
景区门票价格高低					
景区交通是否便利					
景区环境是否优美					
景区导游或解说服务					
景区餐饮是否经济实惠					

续表

影响到旅游景区游览的主要因素	影响重大 5	影响较大 4	影响一般 3	没太大影响 2	完全没影响 1
游乐项目多少					
旅游商品价格及质量					
景区安全措施是否到位					
服务人员态度					
景区管理是否到位					
景区是否供住宿及条件好坏					

7. 您是否去过如下森林公园，去过的打"√"：

	去过该公园	去过的次数	对该公园是否满意
汤旺河国家公园			
五营国家森林公园			
茅兰沟国家森林公园			
仙翁山国家森林公园			
日月峡国家森林公园			
绥芬河国家森林公园			
金泉国家森林公园			
龙凤国家森林公园			
一面坡国家森林公园			
亚布力国家森林公园			
三道关国家森林公园			
大亮子河国家森林公园			
牡丹峰国家森林公园			
火山口国家森林公园			
哈尔滨国家森林公园			
街津山国家森林公园			
齐齐哈尔国家森林公园			
北极村国家森林公园			

续表

	去过该公园	去过的次数	对该公园是否满意
长寿国家森林公园			
大庆国家森林公园			
威虎山国家森林公园			
乌苏里江国家森林公园			
乌龙国家森林公园			
桃山国家森林公园			
驿马山国家森林公园			

8.您到森林公园主要是为：（1）观光（2）度假（3）健身（4）交友（5）爱好（6）其他：

9.您对公园不满时，您会采取什么行为：

（1）自己忍着（2）向公园员工反映（3）找公园主管领导反映

（4）向相关部门投诉（5）回家转告他人（6）其他：

10.您对公园提的意见：（1）公园积极处理（2）被重视（3）被采纳（4）置之不理（5）其他：

11.您对森林公园旅游的总体满意度：

（1）基本不满意（2）一般（3）基本满意

（4）有些满意还有些不满意的地方

12.您对森林公园旅游发展有哪些建议：

感谢您的支持，祝您家庭幸福，健康快乐！

附录4　国家森林公园周边社区居民调查问卷

尊敬的社区居民：

　　您好！本人是东北农业大学农林经济管理博士后流动站教师，现进行一项关于我国森林公园利益相关者的研究工作。希望您在百忙之中填写如下问卷，调查不记名，数据只用于本次研究，您的回答对研究有着重要意义和重大帮助请您认真填写。对您的帮助表示万分感激！

　　1.您的性别：（1）男（2）女

　　2.您所处年龄段：

　　（1）18岁及以下（2）19~24岁（3）25~44岁（4）45~64岁

　　（5）65岁及以上

　　3.您接受的教育水平：

　　（1）小学以下（2）小学（3）初中（4）高中（5）大专及以上

　　4.您家庭收入主要来源（可多选）：

　　（1）种植收入为主（2）经商收入为主（3）林业收入为主

　　（4）森林公园打工收入（5）餐饮收入为主（6）养殖业收入为主

　　（7）其他：_____

　　5.您的家庭人均收入（元/每年每人）

　　（1）1000元及以下（2）1001~3000元（3）3001~5000元

　　（5）5001~7000元（6）7001~9000元（7）9001~10 000元

　　（8）1万元以上（9）3万元以上（10）其他：_____

　　6.您及家人曾经或正在从事为森林公园及游客服务的工作是：

　　（1）都没有（2）饮食摊点（3）导游（4）照相（5）出售农副产品

　　（6）开商店（7）做森林公园员工（8）其他工作：_____

　　7.自森林公园运营以来，您家庭来自旅游业收入的比例约为____%

8.您及家人期望在未来参与当地旅游经营的形式有（可多选）：

（1）开旅店（2）开饭店（3）开仓买（4）经营农副产品（5）搞运输

（6）搞饮食摊点农副产品加工工厂（8）手工艺制作（9）旅游纪念品

（10）参与景区工作

9.您家在森林公园从事的主要活动有：

（1）挖药材（2）采摘菌类（3）伐木（4）植树（5）放牧（6）狩猎

（7）拾柴火（8）其他：＿＿＿＿＿＿

10.您去森林公园的目的有：

（1）观光旅游（2）陪伴亲朋（3）工作（4）度假休闲（5）宗教朝拜

（6）科学研究（7）其他：＿＿＿＿＿＿

11.若从事旅游经营活动，您觉得您最欠缺的是什么：

（1）资金（2）信息（3）技术（4）政府支持（5）劳动力（6）其他：

12.您一年中的休闲时间有多久：

（1）没有（2）1个月（3）法定节假日（4）2~3个月（5）4~5个月

（6）半年或以上

13.您闲暇时的主要活动有哪些：

（1）去森林公园徒步/锻炼（2）打牌（3）在家上网（4）下棋聊天

（5）看书读报（6）旅游（7）探亲访友（8）深造学习技术和文化

（9）唱歌跳舞（10）其他：＿＿＿＿＿＿

14.您对森林公园旅游开发的态度请"√"您的观点

序号		强烈反对	不同意	一般	同意	非常赞同
1	建设森林公园很重要	1	2	3	4	5
2	森林公园对社区发展有利	1	2	3	4	5
3	森林旅游提高了社区收益水平	1	2	3	4	5
4	森林旅游改善了社区基础建设（路、桥）	1	2	3	4	5
5	旅游发展为社区提供更多就业岗位	1	2	3	4	5

续表

序号		强烈反对	不同意	一般	同意	非常赞同
6	旅游发展对我的家庭有利	1	2	3	4	5
7	我愿意参与到旅游经营中	1	2	3	4	5
8	森林公园开发限制人们对资源的利用	1	2	3	4	5
9	地方政府应该大力扶持森林公园开发	1	2	3	4	5
10	旅游业收入分配比较公平	1	2	3	4	5
11	本社区应该成为旅游接待点	1	2	3	4	5
12	社区发展与森林公园发展紧密相连	1	2	3	4	5
13	旅游发展破坏了社区环境	1	2	3	4	5
14	旅游发展带来了噪声污染	1	2	3	4	5
15	旅游发展使社区治安恶化	1	2	3	4	5
16	旅游发展改变了传统文化	1	2	3	4	5
17	旅游发展使社区居民的素质提升	1	2	3	4	5
18	旅游发展的收入没有自然保护重要	1	2	3	4	5

您对旅游开发的期望与建议：_____
_____
_____
_____

参考文献

[1] 兰思仁.国家森林公园理论与实践[M].北京:中国林业出版社,2004.

[2] 王红霞.五池风景名胜区资源评价与景观保护[D].杭州:浙江大学,2011.

[3] 俞晖.21世纪中国森林旅游业发展战略研究[J].旅游学刊,2001(16):67-69.

[4] 张海霞.国家公园的旅游规制研究[D].上海:华东师范大学,2010.

[5] 于开锋,金颖若.国内外森林旅游理论研究综述[J].林业经济问题,2007(27):380-384.

[6] 孙文琪.国有林区林权改革利益主体博弈分析[D].哈尔滨:东北林业大学,2011.

[7] G鲁滨逊格雷戈里.森林资源经济学[M].许伍权,等,译.北京:中国林业出版社,1985.

[8] 谢凝高.世界国家公园的发展和对我国风景区的思考[J].城乡建设,1995(8):24-26.

[9] 李景奇,秦小平.美国国家公园系统与中国风景名胜区比较研究[J].中国园林,1999(3):110-131.

[10] 王献溥.自然保护实体与IUCN保护区管理类型的关系[J].植物杂志,2003(6):3-5.

[11] 黄婧美,呼延文娟.汤旺河国家公园发展对策探析[J].经营管理,2016(7):64-65.

[12] 黄茂祝,徐波,张杰,周吉娜.汤旺河国家公园游憩价值评价研究[J].森林工程,2009(11):18-21.

［13］贾珊珊.汤旺河国家公园的旅游发展实证研究［D］.合肥：安徽大学，2013.

［14］许大为，叶振启，李继伍.森林公园概念的探讨［J］.东北林业大学学报，1996（6）：90-93.

［15］胡涌，张启翔.森林公园一些基本理论问题的探讨——兼谈自然保护区、风景名胜区及森林公园的关系［J］.北京林业大学学报，1998（3）：49-57.

［16］俞晖.我国森林公园发展中若干问题的探讨［J］.林业资源管理，2001（4）：40-42.

［17］黄秀娟，兰思仁.福州国家森林公园游客旅游偏好调查与分析［J］.林业经济问题，2002（5）：308-310.

［18］黄远水，陈钢华.我国森林公园与自然保护区旅游开发比较研究［J］.林业经济问题，2007（2）：145-150.

［19］许春晓.城市居民对周边旅游地的需求特征研究——以湖南湘潭市居民对黑麋峰森林公园的需求调查为例［J］.热带地理，2003（1）：67-70.

［20］蒋玲俐.城市森林公园学生科普旅游需求研究——以长沙市天际岭国家森林公园为例［D］.长沙：中南林业科技大学，2006.

［21］陈松，李吉跃.鹫峰国家森林公园客源市场及游客行为特征研究［J］.河北林果研究，2007（1）：111-116.

［22］王炳贵，陈建设.厦门天竺山森林公园森林景观资产初步评估［J］.北京林业大学学报，1999，21（6）：84-88.

［23］曹辉，陈平留.森林公园景观资产评估市场比较法初探［J］.林业经济问题，2002，22（2）：103-106.

［24］郭郢，赵树权.森林公园经济效益评价方法及对比分析［J］.林业财务与会计，1999（5）：24-25.

［25］胡淑萍，李卫忠，余燕玲，等.基于TCM的太白山森林公园游憩效

益评估［J］.西北林学院学报，2005，20（2）：171-174.

［26］石强，雷相东，谢红政，等.旅游干扰对张家界国家森林公园土壤的影响研究［J］.四川林业科技，2002，23（3）：28-33.

［27］王忠君，蔡君，张启翔，等.旅游活动对云蒙山国家森林公园土壤影响的初步研究［J］.河北林业科技，2003（5）：12-15.

［28］王忠君，蔡君，张启翔，等.旅游活动对云蒙山国家森林公园景观及视觉的影响评价［J］.河北林业科技，2004（2）：32-35.

［29］杨文琪.浅析森林旅游发展中存在的资源和环境问题及对策［J］.河南林业科技，2003，23（1）：34-36.

［30］孙文琪.国有林权改革利益主体博弈分析［D］.哈尔滨：东北林业大学，2011.

［31］黄昆.利益相关者共同参与的景区环境管理模式研究［J］.湖北社会科学，2003（8）：81-82.

［32］黄昆.利益相关者理论在旅游地可持续发展中的应用研究［D］.武汉：武汉大学，2004.

［33］程励.生态旅游脆弱区利益相关者和谐发展研究［D］.成都：成都电子科技大学，2006.

［34］罗桂平.江西：森林旅游已踏上发展快车道［J］.中国林业产业．2007（10）：55-58.

［35］张福庆.投资项目运作指南［M］.南吕市：江西人民出版社，2005：243-245，301.

［36］李铁男.黑龙江省森林公园旅游可持续发展研究［D］.哈尔滨：东北林业大学，2003.

［37］陈贵松.森林旅游负外部性的经济学分析［J］.林业经济问题，2004，（24）：257-260.

［38］陈贵松.森林公园利益相关者共同治理研究［D］.北京：北京林业大学，2010.

［39］杨传鸣.基于旅游吧感知的黑龙江省森林旅游可持续发展研究［D］.哈尔滨：东北农业大学，2017.

［40］周彬，钟林生，王灵恩，张生瑞.自然保护区旅游生态健康评价指标与评价模型——以黑龙江省白头鹤自然保护区为例.林业资源管理［J］.2015（10）：145-150.

［41］司丽华，孙连荣.大庆工业遗址开发利用助力龙江全面振兴全方位振兴研究.经济研究导刊［J］，2020（11）.

［42］陈月娜.钢铁工业遗址的文创与旅游开发.矿业研究与开发［J］.2020（12）.

［43］张贵海.竞争新常态下黑龙江省冰雪旅游发展研究.商业经济［J］.2020（5）.

［44］朱冉.黑龙江地域特色旅游纪念品设计研究综述.管理科学［J］.2016（28）：283.

［45］卢禹霞.浅谈旅游纪念品设计与开发——以黑龙江省为例.黑河学院学报［J］.2019（2）：82-83.

［46］关大伟，孙莹.黑龙江省森林旅游纪念品开发设计的探讨和研究.林业勘察设计［J］.2019（3）：8-10.

［47］张卿，人瑞鲲.鲸鱼城市文化特色下的黑龙江旅游纪念品研究［J］.2020（8）：108-109.

［48］李瑾.黑龙江冰雪地域特色旅游纪念品现状分析.中外企业家［J］.2019（33）：217.

［49］王婷婷，孙志伟.东北全面振兴背景下黑龙江省工业文化遗产旅游开发研究.城市旅游规划［J］.2020（4）：139-140.

［50］朱冉.黑龙江地域特色旅游纪念品现状分析.黑龙江科技信息［J］.2016（10）：284.

［51］李晓慧.黑龙江特色文创旅游纪念品分析.大众文艺［J］.2019：117.

［52］蒲维丽，周洪辉，金佳，张萌萌，李永磊，王语嫣.基于黑龙江旅

游文化产业进行深度旅游产品开发.大众文艺［J］.2020（3）：240-241.

［53］赵长夫.黑龙江冰雪文化旅游纪念品设计［D］.哈尔滨：哈尔滨理工大学，2018（3）.

［54］邓光玉.基于参与主体的我国森林生态旅游［D］.哈尔滨：东北林业大学，2007（6）.

［55］尹玥，贾利.国家森林公园森林旅游发展参与主体利益诉求分析.经济师［J］.2017（8）：30-31.

［56］尹玥，贾利.我国国家森林公园森林旅游发展潜力浅析——以黑龙江省为例［J］.2017（5）：13-15.

［57］柴方营.关于打造黑龙江省千亿级冷水鱼产业的建议［J］.黑龙江省社会科学联合会社科成果要报.2017（1）.

［58］Bere R M. The national park idea: How to interest the african public［J］. Oryx, 1957（1）: 21-27.

［59］John S. O. Development and Consolidation of Tanzania National Parks ［J］. Biological Conservation, 1969（2）: 156-158.

［60］Sehloeth R E. Problems of wildlife and tourist management in the Swiss National Park［J］. Biological Conservation, 1974（4）: 313-314.

［61］Lovari S, Cassola F. Nature conservation in Italy: The existing national parks and other protected areas［J］. Biological Conservation, 1975（8）: 127-142.

［62］Brotherton I. National parks in great Britain and the achievement of nature conservation purposes［J］. Biological Conservation, 1982（2）: 85-100.

［63］Douglas A R. Recent development of national parks in Nicaragua［J］. Biological Conservation, 1978（3）: 179-182.

［64］Jameson J R. The national park system in the United States: An overview with a survey of selected government documents and archival materials [J]. Government Publications Review, 1980 (2): 145-158.

[65] Motoko O. Politics of National Parks in Japan [D]. PhD Dissertation, The University of Wisconsin (USA), 1985.

[66] Boyd S. William. Sustainability and Canada's National Parks: Suitability for Policy, Planning and Management [D]. PhD Dissertation, The University of Western Ontario (Canada), 1995.

[67] Lupp G, Konold W, Bastian O. Landscape management and landscape changes towards more naturalness and wilderness: Effects on scenic qualities—The case of the Müritz National Park in Germany [J]. Journal for Nature Conservation, 2013 (21): 10-21.

[68] Cochrane J. Indonesian national parks understanding leisure users [J]. Annals of Tourism Research, 2006, 33 (4): 979-997.

[69] Galloway G, Lopez K. Sensation seeking and attitudes to aspects of national parks: a preliminary empirical investigation [J]. Tourism Management, 1999, 20 (6): 665-671.

[70] Graham J, Alnos B, Plumptre T. Governance principles for Protected Areas in the 21st Century [R]. The Vth IUCN World Parks Congress, Durban (South Africa), 2003.

[71] White P C L, Lovett J C. Public preferences and willingness-to-pay for nature conservation in the North York Moors National Park [J]. Journal of Environmental Management, 1999 (1): 1-13.

[72] Alessa L, Bennett S M, Kliskey A D. Effects of knowledge, personal attribution and perception of ecosystem health on depreciative behaviors in the intertidal zone of Pacific Rim National Park and Reserve [J]. Journal of Environmental Management, 2003, 68 (2): 207-218.

[73] Samuel K, Choong-kiLee S, Klenosky D B. The influence of push and

pull factors at Korea National Parks [J]. Tourism Management, 2003 (2): 169-180.

[74] Marion J L, Farrell T A. Management practices that concentrate visitor activities: camping impact management at Isle Royale National Park, USA [J].Journal of Environmental Management, 2002, 66 (2): 201-212.

[75] Okello M M, Manka S G, D'Amour D E. The relative importance of large mammal species for tourism in Amboseli National Park, Kenya [J]. Tourism Management, 2008, 29 (4): 751-760.

[76] Hwang S N, Lee C, Chen H J. The relationship among tourists' involvement, place attachment and interpretation satisfaction in Taiwan's national parks [J]. Tourism Management, 2005, 26 (2): 143-156.

[77] Beunen R, Regnerus H D, Jaarsma C F. Gateways as a means of visitor management in national parks and protected areas [J]. Tourism Management, 2008 (29): 138-145.

[78] George R. Visitor perceptions of crime-safety and attitudes towards risk: The case of Table Mountain National Park, Cape Town [J]. Tourism Management, 2010, 31 (6): 806-815.

[79] Walpole M J, Harold J, et al. Local economic impacts of dragon tourism in Indonesia [J]. Annals of Tourism Research, 2000, 27 (3): 559-576.

[80] Evan E H, Kim Y S. Regional economic impacts of Grand Canyon River Runners [J]. Journal of Environmental Management, 2007, 85 (1): 137-149.

[81] Thanakvaro T L. Economics and stakeholders of ream national park, Cambodia [J]. Ecological Economics, 2003, 46 (2): 269-282.

[82] Hamin E M. The US national park services partnership parks: Collaborative responses to middle landscapes [J]. Land Use Policy, 2001, 18 (2): 123-135.

[83] Borrini- Feyerabend G, Kothari A, Oviedo G. Indigenous and local communities and protected areas towards equity and enhanced conservation: Guidance on policy and practice for comanaged protected areas and community conserved area [C] //WCPA, IUCN.Best Practice Protected Area Guidelines Series. Cambridg (UK): IUCN Publication Service Unit.

[84] John W K. Exploratory Co-management Interventions in Kuiburi National Park, Central Thailand, Including Human-elephant Conflict Mitigation [J].International Journal of Environment and Sustainable Development, 2008 (3): 293-310.

[85] Conforti V A, Azevedo F C C. Local Perceptions of Jaguars (Pantheraonca) and Pumas (Pum a concolor) in the Iguaçu National Park Area, South Brazil [J]. Biological Conservation, 2003, 111 (2): 215-221.

[86] Bramwell B, Henry I, Jackson G, et al. Sustainable Tourism Management: Principles and Practice [M].Tilburg, Netherlands: Tilburg University Press, 1996: 39-54.

[87] Ko T G. Development of a tourism sustainability assessment procedure: a conceptual approach [J]. Tourism Management, 2005, 26 (3): 431-445.

[88] Choi H C, Sirakaya E. Sustainability indicators for managing community tourism [J]. Tourism Management, 2006, 27 (6): 1274-1289.

[89] Schianetz K, Kavanagh L. The learning tourism destination: the potential of a learning organization approach for improving the sustainability of

tourism destinations [J]. Tourism Management, 2007, 28 (6): 1485-1496.

[90] Richins H. Environmental, cultural, economic and socio-community sustainability: a framework for sustainable tourism in resort destination [J]. Environment Development Sustainability (Environ DevSustain), 2009, 11 (4): 785-800.

[91] Singh R, Murty R, Gupta K, et al. An overview of sustainability assessment methodologies [J]. Ecological Indicators, 2012, 15 (1): 281-299.

[92] Daniel T C. Mapping the scenic beauty of forest lands capes [J]. Leisure Science, 1977, 1 (1): 12-18.

[93] Kennedy J. Conceiving forest management as providing for current and future social value [J]. Forest Ecology and Management, 1985, 13 (1-2): 121-132.

[94] Harcourt A. H. Can Uganda's gorillas survive?——A survey of the Bwindi Forest Reserve [J]. Biological Conservation, 1981, 19 (4): 269-282.

[95] Hrnstenand L, Fredman P. On the distance to recreational forest sim Sweden [J]. Landscape and Urban Planning, 2000, 51 (1): 1-10.

[96] G. Werner, R. Schmittberger, B. Schwarz. An Experimental Analysis of Ultimatum Bargaining [J]. Journal of Economic Behavior and Organization. 1982, (3): 367-388.

[97] Anastasiadou C, Vettese S. "From souvenirs to 3D printed souvenirs". Exploring the capabilities of additive manufacturing technologies in (re) - framing tourist souvenirs. Tourism Management [J], 2019 (71): 428-442.

[98] Kimberley P. Negotiating the 'Place' and 'Placement' of Banal Tourist

Souvenirs in the Home.Tourism Geographies［J］, 2011（13）: 234-256.

［99］Hume D L.The development of tourist art and souvenirsInternational. Journal of Tourism Research［J］, 2010（5）.

［100］Li W, Liu Y, Amp SA. Empathy Design of Tourist Souvenirs.Packaging Engineering［J］, 2014-16.

［101］Masset J, Decrop A. Meanings of Tourist Souvenirs: From the Holiday Experience to Everyday Life.Journal of Travel Research［J］, 2020（5）.

［102］Kuhn F.Conspicuous souvenirs: Analysing touristic self- presentation through souvenir display.Tourist Studies［J］, 2020（09）.

［103］Marangkun W, Thipjumnong A.Souvenir Product Purchasing as a Travel Motivation in the Shopping Area of Thale Noi, Phatthalung, Thailand. Journal of Tourism and Hospitality Management［J］, 2018（6）: 247-260.